Gerik und Tami Chirlek

Excel 2010

Probleme und Lösungen

- Band 1 -

Dateifunktionen, Editierfunktionen,

Formate & Formatierungen

---

gerik CHIRLEK / Edition 24tc

2014

Bibliografische Information der Deutschen Nationalbibliothek
Die Deutsche Nationalbibliothek verzeichnet diese Publikation in der
Deutschen Nationalbibliografie; detaillierte bibliografische Daten sind
im Internet über www.dnb.de abrufbar.

IMPRESSUM
© 2014 gerik CHIRLEK / Edition 24tc
Herstellung und Verlag: BoD - Books on Demand, Norderstedt
ISBN: 978-3-7357-1950-8

Gerik und Tami Chirlek

Excel 2010 . Probleme und Lösungen

Band 1

Inhaltsverzeichnis

Vorwort 13

1 Einleitung 15

2 Dateifunktionen 21

2.1 Öffnen 21

2.1.1 Mehrere Dateien automatisch öffnen 21

2.1.2 Mehrere Dateien auf einmal öffnen 24

2.1.3 Definierte Anzahl von Tabellen öffnen 25

2.1.4 Liste zuletzt geöffneter Dateien 26

2.1.5 Dateien über Windows-Explorer öffnen 27

2.1.6 Mit eigener Standardvorlage öffnen 29

2.2 Schließen 32

2.3 Speichern 32

2.3.1 Speicherung im Hintergrund 32

2.3.2 Speicherpfad 34

2.4 Drucken 34

2.4.1 Seitenumbruch-Vorschau 34

2.4.2 Einfügen eines Druckdatums 36

2.4.3 Tabelle für den Ausdruck anpassen 37

2.4.4 Ausdruck in Farbe / Schwarzweißdruck 39

2.4.5 Gitternetzlinien im Ausdruck 40

2.4.6 Überschriften im Ausdruck 40

2.4.7 Wiederholungszeilen und -spalten 41

2.4.8 Bereiche drucken 42

2.4.9 Objekte einblenden / ausblenden 48

2.4.10 Problem: Excel druckt leere Seiten 49

3 Editierfunktionen 51

3.1 Markieren 51

3.1.1 Markieren von Zellen 51

3.1.2 Markieren von Spalten 53

3.1.3 Markieren von Zeilen 54

3.1.4 Markieren eines Zellbereiches 55

3.1.5 Markieren eines Zellblockes 57

3.1.6 Tabellenblatt markieren 58

3.1.7 Alle Objekte gleichzeitig markieren 59

3.1.8 Zellen, Zeilen und Spalten markieren 60

3.1.9 Markierung verkleinern / vergrößern 60

3.1.9.1 Verkleinern des markierten Bereiches 60

3.1.9.2 Vergrößern des markierten Bereiches 61

3.1.10 Überprüfen des markierten Bereiches 61

3.2 Kopieren 62

3.3 Verschieben 68

3.4 Suchen 71

3.5 Ersetzen 73

3.6 Zeile 74

3.6.1 Zeilenumbruch 74

3.6.2 Zeile(n) löschen 75

3.6.3 Leerzeile(n) einfügen..76

3.6.4 Zeilenhöhe anpassen..78

3.6.5 Zeile(n) ausblenden 79

3.6.6 Zeile(n) einblenden 80

3.6.7 Zeilen mit Spalten tauschen...............................80

3.6.8 Zeilen gemäß Bedingung färben 81

3.6.9 Zeilennamen definieren 83

3.6.10 Zeilennummer einfügen 84

3.7 Spalten 85

3.7.1 Spalte(n) einfügen..85

3.7.2 Spalte(n) löschen 86

3.7.3 Spaltenbreite anpassen 87

3.7.4 Spalte(n) ausblenden..88

3.7.5 Spalte(n) (wieder) einblenden 89

3.7.6 Spaltennamen definieren 89

3.7.7 Spalteninhalt aufteilen.......................................89

3.8 Zellen 91

3.8.1 Zellinhalte ausblenden 91

3.8.2 Zellinhalte löschen 92

3.8.3 Dateinamen / Speicherpfad ausgeben 94

3.8.4 Zellen ansteuern 97

3.8.5 Zellen & Inhalte verbinden / verketten 98

3.9 Bereiche 100

3.9.1 Zellbereich als Grafik kopieren 100

3.9.2 Bereichsnamen für Zellen/Zeilen/Spalten........... 101

3.10 Kopf- und Fußzeilen.. 103

3.10.1 Kopf- und Fußzeilen als Standard 103

3.10.2 Grafik in Kopf- / Fußzeile einfügen 103

3.10.3 Datum / Zeit in der Kopf- / Fußzeile 104

3.10.4 Titel in Kopf- / Fußzeile einfügen.................... 105

3.11 Arbeitsmappe.. 106

3.11.1 Wechsel zwischen geöffneten Mappen 106

3.11.2 Navigation in Arbeitsmappen 107

3.12 Tabellen.. 108

3.12.1 Tabellenblatt einfügen 108

3.12.2 Tabellenblattregister 109

3.12.2.1 Farbige Registerkarte.................................... 109

3.13.2.2 Blattregister umbenennen 109

3.12.2.3 Ungültige Tabellenblattnamen...................... 110

3.12.3 Wiederholungszeilen und -spalten 110

3.12.4 Tabellen mit Farbe gestalten 111

3.13 Fixieren 112

3.14 Fenster teilen 113

3.15 Sortieren 114

3.16 Hintergrund anpassen 115

3.17 Hyperlink 116

3.18 Filtern 117

3.18.1 Filtereigenschaften 117

3.18.2 AutoFilter 117

3.18.3 Spezialfilter 118

3.18.4 Zahl vor dem Querstrich (/) herausfiltern 120

3.19 Dateneingaben 121

3.19.1 Daten eingeben..121

3.19.2 Gleichzeitiges Einfügen.......................................123

3.19.3 Aktuelles Datum / Uhrzeit eingeben 124

3.19.4 Eingabe eines Schrägstriches (/) 124

3.19.5 Eingaben abschließen 125

3.19.6 Eingabekorrekturen 126

3.19.7 Eingabefehler finden...127

3.19.8 Übertrag..129

3.19.9 Auswahlliste..129

3.19.10 Linien mit Pfeilspitzen 130

3.20 WordArt-Objekt einfügen 131

3.21 Gitternetzlinien 133

3.22 AutoKorrektur 135

3.23 Kommentare 137

3.24 AutoAusfüllen 138

3.25 Rahmen einfügen 149

3.26 Gültigkeitsbeschränkung 150

3.27 Eingabe durch Listentext ersetzen 155

3.28 Inhalt der Zwischenablage einfügen 155

3.29 Textfeld 156

3.30 Seitenumbruch 157

3.30.1 Seitenumbruch einfügen 157

3.30.2 Seitenumbruch verschieben 158

3.30.3 Seitenumbruch löschen 158

3.31 Blattnamen / Pfadangaben einfügen 159

3.32 Hinweis-Text hinterlegen 161

4 Formate & Formatierungen 163

4.1 Zeichen in Zellen formatieren 163

4.2 Zahlenformat 164

4.2.1 Eingabe von Zahlen 164

4.2.2 Zahlen mit führender Null 164

4.2.3 Nur volle Tausender darstellen 165

4.2.4 Nullwerte nicht anzeigen 166

4.2.5 Zahlenwerte farbig darstellen 169

4.2.6 Definierte Zahlenwerte anzeigen..........................171

4.2.7 Dezimal- / Tausendertrennzeichen 172

4.2.8 Feste Dezimalstellen 173

4.2.9 Zahlen nicht anzeigen...174

4.2.10 Zahlen / Rechenzeichen im Textformat 175

4.2.11 Text und Zahl in einer Zelle 175

4.2.12 Zahlen in Klammern 176

4.2.13 Hochzahlen 176

4.3 Datum..177

4.4 Ausrichten 182

4.4.1 Ausrichten am Dezimalkomma............................182

4.4.2 Blocksatz 184

4.4.3 Zentrieren über Spalten 185

4.4.4 Links- / rechtsbündig ausrichten 185

4.5 Autoformat...187

4.6 Formatierung einer Zelle übertragen.....................187

4.7 Zahl und Text in einer Zelle 188

4.8 Bedingte Formatierung...189

4.8.1 Wert zwischen x und y farbig darstellen...............189

4.8.2 Minimalen Wert farbig markieren **189**

4.8.3 Maximalen Wert farbig markieren **191**

4.8.4 Jede zweite Zeile farbig hinterlegen **193**

4.8.5 Grenzwert farbig hinterlegen............................... **195**

4.8.6 Kennbuchstaben farbig hinterlegen **195**

4.8.7 Bedingte Formatierung suchen / finden **198**

4.9 Formatvorlage verwenden / anlegen **199**

Vorwort

Mit dem vorliegenden Buch der Reihe 'Probleme und Lösungen' erhalten Sie ein kleines Nachschlagewerk für den Umgang mit Microsoft® Excel. Es wurde so aufgebaut, dass bereits geringste Kenntnisse der Oberfläche von Microsoft® Windows® und Microsoft® Excel genügen, um aus den beschriebenen Lösungsansätzen Antworten zu einem vorhandenen Problem zu finden.

Zur besseren Übersicht dienen nachstehende Darstellungen:

`Courier New`	Formel, Schaltfläche etc.
Taste	Taste
☐ + ☐	Tasten gleichzeitig drücken
☐ → ☐	Tasten nacheinander drücken
Kursiv	Hinweistext

Da oft diverse Wege zum gleichen Ziel führen (bspw. Funktion 'Kopieren') haben wir uns mehrheitlich auf eine Möglichkeit beschränkt. Sicherlich werden Sie im Umgang mit der Software noch weitere Wege entdecken.

Wir wünschen Ihnen, dass Sie mit diesem Buch eine kleine Unterstützung für Ihren Alltag finden. Viel Spaß beim Studieren und Ausprobieren.

Köln, im April 2014

Gerik und Tami Chirlek

Bücher der Reihe 'Probleme und Lösungen' erschienen erstmalig im Jahr 2004. Mit freundlicher Genehmigung der damaligen Herausgeberin Claudine Hirschmann - durften Reihe wie auch Inhalte übernommen und aktualisiert werden.

Wichtiger Hinweis
Das Buch wurde mit der Softwarekombination Microsoft® Windows 7 und Microsoft® Office 365 erstellt.
Bei der Zusammenstellung der Informationen wurde mit größter Sorgfalt vorgegangen. Der Verlag wie die Autoren können für dennoch aufgetretene fehlerhafte Angaben und deren Folgen weder juristische Verantwortung noch irgendeine Haftung übernehmen. Verbesserungsvorschläge und Hinweise auf Fehler werden dankend entgegengenommen.
Microsoft® Excel und Microsoft® Windows® sind eingetragene Marken oder Marken der Microsoft Corporation in den USA und/oder anderen Ländern.

1 Einleitung

Microsoft® Excel ist ein Tabellenkalkulationsprogramm.

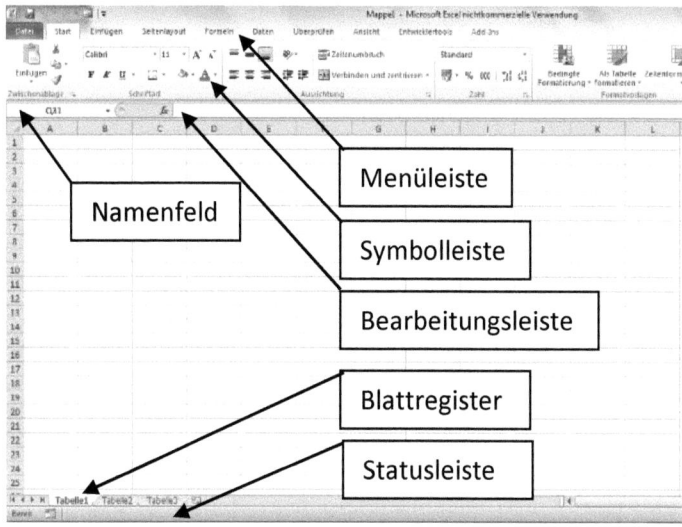

Abb. 1: Darstellung Excel 2010

Ein Tabellenblatt von Excel verfügt über 16.384 Spalten und 1.048.576 Zeilen.

1 Einleitung

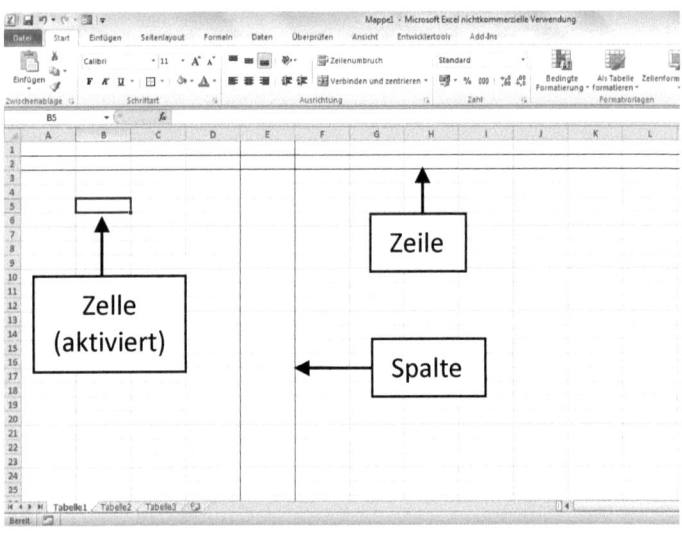

Abb. 2: Darstellung Excel 2010

Die zu Grunde liegende kleinste gemeinsame Einheit ist eine eindeutig definierte Zelle. Dadurch entsteht eine Adressierbarkeit, das heißt der Ort zum Abspeichern von Daten kann genau benannt werden. So bezeichnet die Zelle A1 immer die erste Spalte (A) und davon die erste Zeile (1).

1 Einleitung

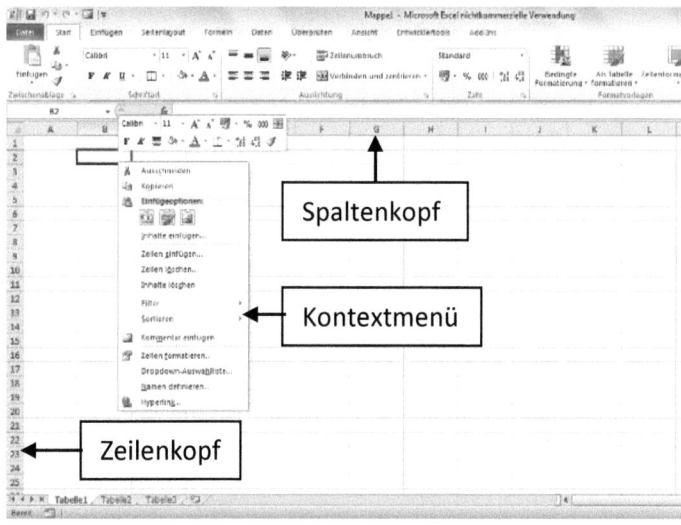

Abb. 3: Darstellung Excel 2010

Jede Zelle kann verschiedene Inhalte haben:
- Text (ist eine Abbildung von Zeichen und wird links ausgerichtet)
- Wert (ist ein numerischer Ausdruck, d. h. eine berechenbare Zahl und wird rechts ausgerichtet)
- Formel (ist eine Berechnung und beginnt am Anfang mit '=')

1 Einleitung

Auch wenn die maximale Spaltenbreite nur 255 Zeichen umfasst, darf der Inhalt einer Zelle aus maximal 32.767 Zeichen bestehen. Dabei ist jedoch zu beachten, dass Excel der IEEE 754-Spezifikation zur Speicherung und Berechnung von Gleitkommazahlen folgt. Deshalb werden nur 15 signifikante Ziffern in einer Zahl gespeichert und folgende Ziffern in Nullen geändert. Zur Darstellung müsste dann das Textformat genutzt oder Leerzeichen an beliebigen Stellen eingefügt werden.

Weitere Spezifikationen können folgender Internetseite entnommen werden:

http://office.microsoft.com/de-de/excel-help/spezifikationen-und-beschrankungen-in-excel-HP010342495.aspx

Abschließend sei noch darauf verwiesen, dass im Umgang mit Excel nicht nur Eingaben in Zellen möglich sind, sondern auch in Dialogfenstern erforderlich sein können.

1 Einleitung

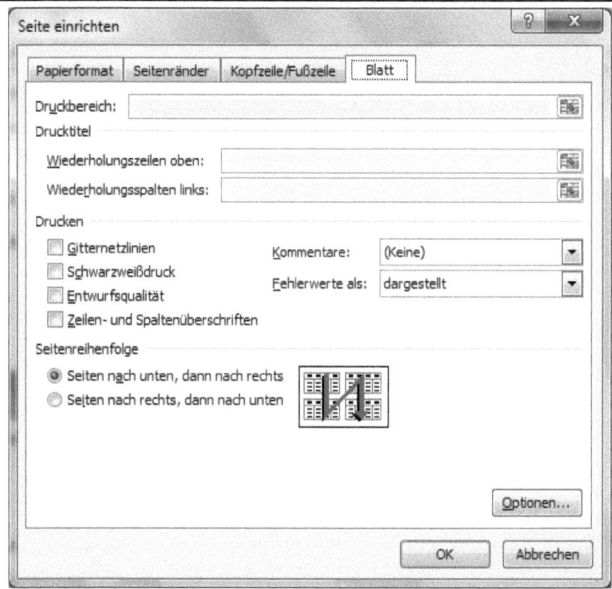

Abb. 4: Darstellung Excel 2010

Ein Dialogfenster ist meist selbsterklärend. Es enthält oft Eingabe- und Auswahlfelder, darüber hinaus Checkboxen und Optionsfelder.

Checkbox	- aktiviert	☑ oder ☒
	- deaktiviert	☐
Optionsfeld	- ausgewählt	⊙
	- nicht ausgewählt	○

Mehr bedarf es an dieser Stelle nicht, um sich die Welt der Excel-Tabellenkalkulation zu erschließen.

1 Einleitung

2 Dateifunktionen

2.1 Öffnen

2.1.1 Mehrere Dateien automatisch öffnen

Mit nachstehenden Schritten kann definiert werden, welche Dateien beim Starten von Excel automatisch geöffnet werden sollen.

1. Öffnen des Windows-Explorers.
2. In der rechten Spalte an beliebiger Stelle: Mausklick (rechte Maustaste).
3. In dem sich öffnenden Kontextmenü auswählen: `'Neu'` → `'Ordner'`.
   Damit wird ein neuer Ordner erstellt.
4. Für den soeben erstellten Ordner einen Namen vergeben (bspw. `WICHTIGE`). In diesen werden alle Dateien abgelegt (verschoben / kopiert), die automatisch geöffnet werden sollen.
   a. Bei einzelnen / nicht zusammenhängenden Dateien: Taste `Strg` drücken und gedrückt halten, danach Mausklick (linke Maustaste) auf die automatisch zu öffnenden Dateien.
   Damit werden diese markiert.

2 Dateifunktionen

    b. Bei mehreren zusammenhängenden Dateien: Taste `Shift ⇧` drücken und gedrückt halten, danach Mausklick (linke Maustaste) auf die erste und letzte automatisch zu öffnende Datei.
Damit werden diese und alle dazwischen liegenden Dateien markiert.

5. Wenn alle betreffenden Dateien markiert sind: Taste `Strg` bzw. `Shift ⇧` wieder loslassen und Mausklick (rechte Maustaste) auf eine der markierten Dateien.
6. In dem sich öffnenden Kontextmenü auswählen: `'Ausschneiden'` oder `'Kopieren'`.
7. Doppelmausklick (linke Maustaste) auf den angelegten Ordner (hier im Beispiel: `WICHTIGE`).
Damit wird dieser geöffnet.
8. In diesen Ordner Mausklick (rechte Maustaste).
9. In dem sich öffnenden Kontextmenü auswählen: `'Einfügen'`.
Damit werden alle zuvor markierten Dateien in diesem Ordner abgelegt.
10. Programm Excel starten.
11. In der Menüleiste auswählen: `'Datei'` → `'Optionen'` → `'Erweitert'`.
12. In dem sich öffnenden Dialogfenster auswählen: Abschnitt `'Allgemein'`.

13. Im Feld für `'Beim Start alle Dateien öffnen in'` den erstellten Ordner mit Pfad angeben (z. B. `E:\WICHTIGE`).
14. Mausklick (linke Maustaste) auf die Schaltfläche `'OK'`.

Hinweis: Beim nächsten Aufruf von Excel werden nun alle Dateien des betreffenden Ordners automatisch geöffnet. Sollten sich in dem Ordner auch Dateien befinden, die kein gültiges Excel - Format aufweisen, bspw. Dokumente aus Word oder PowerPoint, wird zu den einzelnen Dateien ein Fehlerhinweis ausgegeben, der einzeln bestätigt werden muss. (Mausklick (linke Maustaste) auf die Schaltfläche `'OK'`.*) Darum ist es empfehlenswert, diesen Ordner ausschließlich für Excel -Dateien vorzubehalten.*

Deaktivieren des automatischen Öffnens von Dateien

Sollen beim Aufruf von Microsoft® Excel nicht mehr automatisch Dateien geöffnet werden, muss der Ordnereintrag wieder gelöscht werden.

1. In der Menüleiste auswählen: `'Datei'` → `'Optionen'` → `'Erweitert'`.
2. In dem sich öffnenden Dialogfenster auswählen: Abschnitt `'Allgemein'`.

2 Dateifunktionen

3. Im Feld für *'Beim Start alle Dateien öffnen in'* den erstellten Ordner mit Pfad löschen (z. B. *E:\WICHTIGE*).
4. Mausklick (linke Maustaste) auf die Schaltfläche *'OK'*.

2.1.2 Mehrere Dateien auf einmal öffnen

Mit nachstehenden Schritten können die zu öffnenden Dateien ausgewählt und auf einmal geöffnet werden.

1. Öffnen des Windows-Explorers.
2. In der Menüleiste auswählen: *'Datei'* → *'Öffnen'*.
3. Taste [Strg] drücken, gedrückt halten und mit der Maus (linke Maustaste) alle Dateien anklicken, die geöffnet werden sollen.
4. Taste [Strg] wieder loslassen.
5. Mausklick (linke Maustaste) auf die Schaltfläche *'Öffnen'*.
   Nun öffnet Excel alle zuvor ausgewählten Dateien.

2.1.3 Definierte Anzahl von Tabellen öffnen

Nachstehende Schritte definieren, mit welcher Anzahl an leeren Tabellenblättern (maximal 255) eine neue Arbeitsmappe geöffnet werden soll.

1. In der Menüleiste auswählen: `'Datei'` → `'Optionen'` → `'Allgemein'`.
2. Im Feld `'Die folgende Anzahl Blätter aufnehmen'` gewünschte Blattanzahl angeben.
3. Mausklick (linke Maustaste) auf die Schaltfläche `'OK'`.

Tipp:

Wenn mithilfe von Microsoft® Excel die Dokumentation bspw. für eine Steuererklärung angefertigt werden soll, kann es sinnvoll sein, die Einnahmen und Ausgaben pro Kostenbereich auf unterschiedlichen Tabellenblättern darzustellen. Dabei empfiehlt es sich, von vornherein mit einer größeren Anzahl von Tabellenblättern zu starten, als diese einzeln hinzuzufügen.

2.1.4 Liste zuletzt geöffneter Dateien

Eine Liste der zuletzt geöffneten Excel -Dateien wird im Menüpunkt `'Datei'` rechts dargestellt (standardmäßig ist die Liste auf 25 Einträge begrenzt). Mit nachstehenden Schritten kann definiert werden, wie viele Einträge die Liste der zuletzt geöffneten Dateien enthalten soll.

1. In der Menüleiste auswählen: `'Datei'` → `'Optionen'` → `'Erweitert'`.
2. In dem sich öffnenden Dialogfenster auswählen: Abschnitt `'Anzeige'`.
3. Im Feld für `'Diese Anzahl zuletzt verwendeter Dokumente anzeigen'` die gewünschte Anzahl eingeben *(maximal 50)*.
4. Mausklick (linke Maustaste) auf die Schaltfläche `'OK'`.

Tipp:

Wenn häufig auf die gleichen Excel -Dateien zugegriffen wird, empfiehlt es sich, die Liste in der Eintragsanzahl zu vergrößern. Damit bleiben in der Liste die stetig benötigten Dateien vorhanden, auch wenn zwischenzeitlich eine andere Datei benutzt wurde. Mittels Mausklick (linke Maustaste) auf eine Datei der Liste wird diese direkt geöffnet. (Achtung: Funktioniert nicht, wenn die Datei seit dem letzten Öffnen zwischenzeitlich in einen anderen Ordner verschoben oder umbenannt wurde.)

Deaktivieren der Liste zuletzt geöffneter Dateien

1. In der Menüleiste auswählen: `'Datei'` → `'Optionen'` → `'Erweitert'`.
2. In dem sich öffnenden Dialogfenster auswählen: Abschnitt `'Anzeige'`.
3. Im Feld für `'Diese Anzahl zuletzt verwendeter Dokumente anzeigen'` die gewünschte Anzahl `'0'` eingeben.
4. Mausklick (linke Maustaste) auf die Schaltfläche `'OK'`.

2.1.5 Dateien über Windows-Explorer öffnen

Standardmäßig ist es möglich, Excel -Dateien direkt über den Windows-Explorer zu öffnen. Sollte jedoch die Fehlermeldung erscheinen, dass die betreffende Datei bzw. eine ihrer Komponenten nicht gefunden werden konnte, können ggf. nachstehende Schritte helfen.

<u>Tipp</u> 1: **DDE-Anfrage aktivieren / deaktivieren**

1. In der Menüleiste auswählen: `'Datei'` → `'Optionen'` → `'Erweitert'`.

2 Dateifunktionen

2. In dem sich öffnenden Dialogfenster auswählen: Abschnitt `'Allgemein'`.
3. Mittels Mausklick (linke Maustaste) deaktivieren der Option `'Andere Anwendungen ignorieren, die Dynamischen Austausch (Dynamic Data Exchange, DDE) verwenden'`.
   Hierüber kann gesteuert werden, inwiefern Excel auf Dynamic-Data-Exchange-Anfragen anderer Anwendungen reagieren soll = Dynamischer Datenaustausch.
4. Mausklick (linke Maustaste) auf die Schaltfläche `'OK'`.

Tipp 2: **Zu hohe Zeichenanzahl wird nicht interpretiert** *(Pfad inklusive Dateiname und Tabellenblattbezug)*

1. Kontrollieren, ob der Pfad inklusive Dateinamen und Tabellenblattbezug die Anzahl von 256 Zeichen überschreitet.
2. Falls ja: Umbenennen der Datei und des Tabellenblattes mit geringerer Zeichenanzahl.

Tipp 3: **Defekte Installation verhindert Zugriff**

1. Neuinstallation von Excel.

2.1.6 Mit eigener Standardvorlage öffnen

Mit nachstehenden Schritten kann definiert werden, mit welchen Standardeinstellungen (Schriftart etc.) eine neue Arbeitsmappe in Excel geöffnet werden soll.

1. Excel mit einer leeren Arbeitsmappe öffnen.
2. In der Menüleiste auswählen: `'Datei'` → `'Optionen'` → `'Allgemein'`.
3. Im Feld `'Folgende Schriftart verwenden'` die Schriftart und im Feld `'Schriftgrad'` die Schriftgröße definieren.
4. Mausklick (linke Maustaste) auf die Schaltfläche `'OK'`.
5. Treffen aller sonstigen Einstellungen, die beim nächsten Aufrufen des Programms vorhanden sein sollen.
6. Wechsel auf den Optionspunkt `'Erweitert'` (in der linken Leiste).
7. Treffen weiterer Einstellungen, die beim nächsten Aufrufen des Programms vorhanden sein sollen.
8. In der Menüleiste auswählen: `'Datei'` → `'Speichern unter'`.
9. Wechseln in das Verzeichnis `'XLStart'` (C:\Program Files (x86)\Microsoft Office\Office14\XLSTART)

2 Dateifunktionen

(*Sofern das Verzeichnis unter dem angegebenen Pfad nicht auffindbar ist, mittels Explorer nach* `'XLStart'` *suchen.*)

10. Im Feld `'Dateityp'` auswählen: `'Excel-Vorlage'` (das entspricht dem Dateityp *.xltx).
11. Im Feld `'Dateiname'` eingeben: `'mappe'` (Achtung: die Datei muss exakt diesen Namen haben, nicht `'mappe1 etc.'`). Sofern die Datei bereits besteht, erscheint die Abfrage, inwiefern die bestehende Datei 'ersetzt' werden soll. Diese Abfrage mit `'ja'` bestätigen.
12. Mausklick (linke Maustaste) auf die Schaltfläche `'Speichern'`.

Darüber hinaus ist es auch möglich, Excel-Vorlagen zu erstellen, die nicht als Standard definiert werden, sondern manuell ausgewählt werden können.

1. Excel mit einer leeren Arbeitsmappe öffnen.
2. In der Menüleiste auswählen: `'Datei'` → `'Optionen'` → `'Allgemein'`.
3. Im Feld `'Folgende Schriftart verwenden'` die Schriftart und im Feld `'Schriftgrad'` die Schriftgröße definieren.
4. Mausklick (linke Maustaste) auf die Schaltfläche `'OK'`.

5. Treffen aller sonstigen Einstellungen, die beim nächsten Aufrufen des Programms vorhanden sein sollen.
6. Wechsel auf den Optionspunkt `'Erweitert'` (in der linken Leiste).
7. Treffen weiterer Einstellungen, die beim nächsten Aufrufen des Programms vorhanden sein sollen.
8. In der Menüleiste auswählen: `'Datei'` → `'Speichern unter'`.
9. Wechseln in den Ordner `'1031'` (C:\Program Files\Microsoft Office\Office14\1031)
10. Im Feld `'Dateityp'` auswählen: `'Excel-Vorlage'` (das entspricht dem Dateityp *.xltx).
11. Im Feld `'Dateiname'` eingeben, z. B. `'mappe1'`. Sofern die Datei bereits besteht, erscheint die Abfrage, inwiefern die bestehende Datei 'ersetzt' werden soll. Mausklick (linke Maustaste) auf die Schaltfläche `'Speichern'`.

2 Dateifunktionen

2.2 Schließen

Mit nachstehenden Schritten können alle geöffneten Excel -Dateien auf einmal geschlossen werden.

1. Mausklick (rechte Maustaste) auf das Excel-Symbol innerhalb der Taskleiste.
2. Auswahl der Option `'Alle Fenster schließen'`.

Sofern eine Datei noch nicht gespeichert wurde, erscheint – wie gewohnt – ein Abfragehinweis, welcher mittels Mausklick (linke Maustaste) auf die Schaltflächen `'ja'` bzw. `'nein'` zu bestätigen ist.

2.3 Speichern

2.3.1 Speicherung im Hintergrund

Mit nachstehenden Schritten kann definiert werden, aller wie viel Minuten eine automatische Speicherung der Daten erfolgen soll.

1. In der Menüleiste auswählen: `'Datei'` → `'Optionen'` → `'Speichern'`.

2. Mittels Mausklick (linke Maustaste) aktivieren der Option `'AutoWiederherstellen-Informationen speichern alle'` und Eingabe des gewünschten Minutenabstandes.
3. Im Feld `'Dateipeicherort für Auto-Wiederherstellen'` Eingabe des gewünschten Pfades.
4. Mausklick (linke Maustaste) auf die Schaltfläche `'OK'`.

Hinweis: Beim Automatischen Speichern wird die Ursprungsdatei überschrieben.

Deaktivieren der automatischen Speicherung

1. In der Menüleiste auswählen: `'Datei'` → `'Optionen'` → `'Speichern'`.
2. Mittels Mausklick (linke Maustaste) deaktivieren der Option
    a. Für alle Dateien: `'AutoWiederherstellen-Informationen speichern alle'`.
    b. Für nur die geöffnete Datei: `'AutoWiederherstellen nur für diese Arbeitsmappe deaktivieren'`.

2 Dateifunktionen

3. Mausklick (linke Maustaste) auf die Schaltfläche `'OK'`.

2.3.2 Speicherpfad

Mit nachstehenden Schritten kann definiert werden, in welchem Ordner die Excel-Dateien abgespeichert werden sollen.

1. In der Menüleiste auswählen: `'Datei'` → `'Optionen'` → `'Speichern'`.
2. Angabe des Pfads im Feld: `'Standardspeicherort'`.
3. Mausklick (linke Maustaste) auf die Schaltfläche `'OK'`.

2.4 Drucken

2.4.1 Seitenumbruch-Vorschau

Mit nachstehenden Schritten kann der Seitenumbruch kontrolliert und auf Wunsch verschoben werden.

Tipp: **Manueller Seitenumbruch**
1. In der Menüleiste auswählen: `'Ansicht'` → `'Umbruchvorschau'`.
2. Mausklick (linke Maustaste) auf die Seitenumbruch-Linie (Mauszeiger wird mit zwei Pfeilspitzen angezeigt) und Maustaste gedrückt halten.
3. Verschieben der angezeigten Seitenumbruch-Linie.
4. Maustaste wieder loslassen.

Tipp: `'WordArt's'` und ähnlicher Objekte können innerhalb der Seitenumbruchvorschau markiert und separat verschoben werden.
1. In der Menüleiste auswählen: `'Ansicht'` → `'Umbruchvorschau'`.
2. Mausklick (linke Maustaste) auf Objekt und mit gedrückter Maustaste an die betreffende Stelle verschieben.
3. Maustaste wieder loslassen.

Hinweis: Ein automatisch durch Excel erzeugter Seitenumbruch wird mit einer gestrichelten Linie, ein manuell eingefügter Seitenumbruch mit einer durchgängigen Linie angezeigt.

2.4.2 Einfügen eines Druckdatums

1. Mausklick (linke Maustaste) in die gewünschte leere Zelle.
2. Mausklick (rechte Maustaste).
3. In dem sich öffnenden Kontextmenü mittels Mausklick (linke Maustaste) auswählen: `'Zellen formatieren...'`.
4. In dem sich öffnenden Dialogfenster auswählen: Registerkarte `'Zahlen'`.
5. Im Auswahlfeld `'Kategorie'` auswählen: `'Datum'`.
6. Im Auswahlfeld `'Typ'` auswählen: z. B. TT.MM.JJJJ (Tag.Monat.Jahr) oder TT.MM.JJ hh:mm (Tag.Monat.Jahr Stunden.Minuten).
7. Mausklick (linke Maustaste) auf die Schaltfläche `'OK'`.
8. In der Menüleiste auswählen: `'Formeln'` → `'Funktion einfügen'`.
9. In dem sich öffnenden Dialogfenster auswählen: Im Auswahlfeld `'Kategorie auswählen'`: Datum & Zeit.
10. Im Auswahlfeld `'Funktion auswählen'` auswählen:
    a. Heute [=Heute()]

(bspw. 'TT.MM.JJJJ', liefert gemäß definiertem Format das aktuelle Datum).
   b. `Jetzt[=Jetzt()]`
     (bspw. 'TT.MM.JJJJ hh:mm', liefert gemäß definiertem Format das aktuelle Datum und die Zeit).
11. Mausklick (linke Maustaste) auf die Schaltfläche `'OK'`.
(Es öffnet sich ein weiteres Fenster.)
12. Mausklick (linke Maustaste) auf die Schaltfläche `'OK'`.

Hinweis: Wenn im Feld `'Typ'` bspw. das Format TT.MM.JJJJ definiert und die Funktion `'Jetzt'` eingesetzt wurde, wird dennoch nur das Datum und keine Zeit mit ausgegeben.

In vielen Ländern wird das Datumsformat anders angegeben, so dass es unter Umständen sinnvoll sein kann, den Monat als Text auszudrucken.

2.4.3 Tabelle für den Ausdruck anpassen

Mit nachstehenden Schritten kann die Tabelle für den Ausdruck an die Seitengröße angepasst werden.

2 Dateifunktionen

<u>Tipp</u> 1: **Tabelle für den Ausdruck verkleinern**

1. Mittels Mausklick (linke Maustaste) in der Menüleiste auswählen: `'Seitenlayout'`.
2. Auswahl für `'Seitenränder'`, `'Ausrichtung'` und `'Größe'` treffen.

<u>Tipp</u> 2: **Tabelle für den Ausdruck vergrößern / verkleinern**

1. Mittels Mausklick (linke Maustaste) in der Menüleiste auswählen: `'Seitenlayout'`.
2. Auswahl des geeigneten Prozentwertes für `'Skalierung'` treffen.
   (Ggf. mehrfach ausprobieren, bis die Seite optimal ausgefüllt ist. Achtung: Der Skalierungsfaktor ist sowohl für die vertikale als auch horizontale Ausrichtung gültig.)
3. Mausklick (linke Maustaste) auf die Schaltfläche `'OK'`.

Hinweis: Weitere Einstellungen können auch im Dialogfenster 'Seite einrichten' vorgenommen werden, welches wie unter Tipp 3 beschrieben zu erreichen ist.

Tipp 3:

1. Mittels Mausklick (linke Maustaste) in der Menüleiste auswählen: `'Datei'` → `'Drucken'`.
2. Gewünschte Einstellungen treffen.
3. Mittels Mausklick (linke Maustaste) auswählen: `'Seite einrichten'`.
4. Weitere Einstellungen treffen.
5. Mausklick (linke Maustaste) auf die Schaltfläche `'OK'`.

Hinweis: Entsprechend des eingesetzten Druckers können sich Änderungen im Ausdruck ergeben.

2.4.4 Ausdruck in Farbe / Schwarzweißdruck

Tipp 1:

1. Mittels Mausklick (linke Maustaste) in der Menüleiste auswählen: `'Datei'` → `'Drucken'`.
2. Mittels Mausklick (linke Maustaste) auswählen: `'Druckereigenschaften'`.
3. Mausklick (linke Maustaste) auf die Schaltfläche `'OK'`.

2 Dateifunktionen

Tipp 2:
1. Mittels Mausklick (linke Maustaste) in der Menüleiste auswählen: `'Datei'` → `'Drucken'`.
2. Mittels Mausklick (linke Maustaste) auswählen: `'Seite einrichten'`.
3. Mausklick (linke Maustaste) auf die Registerkarte `'Blatt'`.
4. Aktivieren der Option `'Schwarzweißdruck'`.
5. Mausklick (linke Maustaste) auf die Schaltfläche `'OK'`.

2.4.5 Gitternetzlinien im Ausdruck

1. In der Menüleiste auswählen: `'Seitenlayout'`.
2. Bei `'Gitternetzlinien'` aktivieren der Checkbox `'Drucken'`.

2.4.6 Überschriften im Ausdruck

Mit den nachstehenden Schritten kann definiert werden, dass die Zeilen- und Spaltenüberschriften mitgedruckt werden.

1. In der Menüleiste auswählen: `'Seitenlayout'`.
2. Bei `'Überschriften'`: Aktivieren der Checkbox `'Drucken'`.

2.4.7 Wiederholungszeilen und -spalten

Mit nachstehenden Schritten kann definiert werden, welche Zeilen und Spalten sich auf jeder Ausdruckseite wiederholen sollen.

1. Mittels Mausklick (linke Maustaste) in der Menüleiste auswählen: `'Datei'` → `'Drucken'`.
2. Mittels Mausklick (linke Maustaste) auswählen: `'Seite einrichten'`.
3. Mausklick (linke Maustaste) auf die Registerkarte `'Blatt'`.
4. Mausklick (linke Maustaste) auf
    a. das Symbol am Ende des Feldes `'Wiederholungszeilen oben'`. Es öffnet sich eine Eingabeleiste. Betreffende Tabellenzeile(n) markieren *(Der Zellbezug wird automatisch übernommen.)* und Mausklick (linke Maustaste) auf das Symbol der Eingabeleiste.
    b. das Symbol am Ende des Feldes `'Wiederholungsspalten links'`. Es öffnet

2 Dateifunktionen

sich eine Eingabeleiste. Betreffende Tabellenspalte(n) markieren *(Der Zellbezug wird automatisch übernommen.)* und Mausklick (linke Maustaste) auf das Symbol der Eingabeleiste.

5. Mausklick (linke Maustaste) auf die Schaltfläche `'OK'`.

2.4.8 Bereiche drucken

<u>Tipp</u> 1: **Druckbereich festlegen**

1. Markieren des Bereiches, der gedruckt werden soll (mit gedrückter linker Maustaste oder F8 und Pfeiltaste ←→↑↓).
2. In der Menüleiste auswählen: `'Seitenlayout'` → `'Druckbereich'` → `'Druckbereich festlegen'`.

Deaktivieren des festgelegten Druckbereichs

1. In der Menüleiste auswählen: `'Datei'` → `'Druckbereich'` → `'Druckbereich aufheben'`.

Tipp 2: Ausdruck nicht zusammenhängender Bereiche auf getrennte Seiten

1. Markieren des ersten Bereiches.
2. Mausklick in das '`Namenfeld`' (links von der '`Bearbeitungsleiste`') und einen gewünschten Bereichsnamen eingeben.
3. Taste `Enter ↵` drücken.
4. Die Schritte 1 und 2 für alle zu druckenden Bereiche wiederholen.
5. Taste `Strg` drücken und gedrückt halten.
6. Mausklick (linke Maustaste) auf den Pfeil des '`Namenfeldes`'.
7. Mausklick (linke Maustaste) auf die betreffenden Bereichsnamen.
8. In der Menüleiste auswählen: '`Datei`' → '`Drucken`'.
9. Taste `Strg` loslassen.
10. In dem sich öffnenden Dialogfenster: Auswahl mittels Mausklick (linke Maustaste) bei '`Aktive Tabellen drucken`' die Option '`Auswahl drucken`'.
11. Ggf. notwendige Druckereinstellungen vornehmen und Mausklick (linke Maustaste) auf die Schaltfläche '`Drucken`'.

2 Dateifunktionen

Tipp 3: Zusammenhängender Ausdruck nicht zusammenhängender Bereiche (mittels Gruppierung)

1. Markieren des gesamten Bereiches (inklusive aller Bereiche und der nicht gewünschten Zeile(n) / Spalte(n)).
2. In der Menüleiste auswählen: `'Daten'` → `'Gruppieren'` → `'Gruppieren...'`.
3. Mittels Mausklick (linke Maustaste) aktivieren der Option `'Zeilen'` bzw. `'Spalten'` und Mausklick (linke Maustaste) auf die Schaltfläche `'OK'`.
4. Markieren nicht gewünschte Zeile(n) oder Spalte(n) (nur zusammenhängende).
5. In der Menüleiste auswählen: `'Daten'` → `'Gruppieren'` → `'Gruppieren...'`.
   Die zuvor markierten Zeilen oder Spalten werden jetzt auf eine niedrigere Ebene gesetzt.
6. Schritte 4 und 5 für weitere nicht gewünschte Zeile(n) oder Spalte(n) wiederholen.
7. Bei allen nicht gewünschten Zeile(n) oder Spalte(n) Mausklick (linke Maustaste) auf Symbol `'Reduzieren'` (Minuszeichen).
   Heruntergestufte Zeile(n) oder Spalte(n) werden verborgen dargestellt und der Ausdruck erfolgt analog der Bildschirmansicht.

8. In der Menüleiste auswählen: `'Datei'` →
`'Drucken'`.
9. In dem sich öffnenden Dialogfenster ggf. notwendige Druckereinstellungen vornehmen und Mausklick (linke Maustaste) auf die Schaltfläche `'OK'`.

Tipp 4: Zusammenhängender Ausdruck nicht zusammenhängender Bereiche (mittels Ausblenden)

1. Mausklick (linke Maustaste) in beliebiger Zelle der ersten nicht gewünschte Zeile.
2. Taste ⌈Strg⌉ drücken und gedrückt halten.
3. Mausklick (linke Maustaste) auf die Zeilenköpfe aller nicht gewünschten Zeilen.
 Damit werden diese markiert.
4. Taste ⌈Strg⌉ loslassen.
5. Mausklick (rechte Maustaste) auf einen der markierten Zeilenköpfe.
6. In dem sich öffnenden Kontextmenü: Mausklick (linke Maustaste) auf `'Ausblenden'`.
7. Taste ⌈Strg⌉ drücken und gedrückt halten.
8. Mausklick (linke Maustaste) auf die Spaltenköpfe aller nicht gewünschten Spalten.
 Damit werden diese markiert.
9. Taste ⌈Strg⌉ loslassen.

10. Mausklick (rechte Maustaste) auf einen der markierten Zeilenköpfe.
11. In dem sich öffnenden Kontextmenü: Mausklick (linke Maustaste) auf `'Ausblenden'`.
12. In der Menüleiste auswählen: `'Datei'` → `'Drucken'`.
13. In dem sich öffnenden Dialogfenster ggf. notwendige Druckereinstellungen vornehmen und Mausklick (linke Maustaste) auf die Schaltfläche `'OK'`.

Nun werden nur die sichtbaren Zeilen / Spalten ausgedruckt.

Deaktivieren des zusammenhängenden Ausdrucks

Mit nachstehenden Schritten können die ausgeblendeten Zeile(n) und Spalte(n) wieder eingeblendet werden.

Tipp 1: **Alle Zeilen / Spalten wieder einblenden**

1. Mausklick (linke Maustaste) in linke obere Ecke, wo Zeilen- und Spaltenüberschriften zusammentreffen.
   Damit wird das Tabellenblatt markiert.
2. Mausklick (rechte Maustaste) auf einen der Zeilenköpfe.

3. In dem sich öffnenden Kontextmenü: Mausklick (linke Maustaste) auf `Einblenden`.
   Damit werden alle Zeilen eingeblendet.
4. Mausklick (rechte Maustaste) auf einen der Spaltenköpfe.
5. In dem sich öffnenden Kontextmenü: Mausklick (linke Maustaste) auf `Einblenden`.
   Damit werden alle Spalten eingeblendet.

Tipp 2: **Einzelne Zeilen / Spalten wieder einblenden**

1. Bereich vor und hinter den ausgeblendeten Zeilen markieren.
2. Mausklick (rechte Maustaste) in den markierten Bereich.
3. In dem sich öffnenden Kontextmenü: Mausklick (linke Maustaste) auf `Einblenden`.
   Damit werden alle dazwischen liegenden Zeilen eingeblendet.
4. Bereich vor und hinter den ausgeblendeten Spalten markieren.
5. Mausklick (rechte Maustaste) in den markierten Bereich.
6. In dem sich öffnenden Kontextmenü: Mausklick (linke Maustaste) auf `Einblenden`.
   Damit werden alle dazwischen liegenden Spalten eingeblendet.

2.4.9 Objekte einblenden / ausblenden

Mit nachstehenden Schritten können Objekte ein- und ausgeblendet werden. Ausgeblendete Objekte werden nicht mit ausgedruckt.

1. In der Menüleiste auswählen: `'Start'` → `'Suchen und Auswählen'` → `'Auswahlbereich...'`.
2. In dem sich öffnenden Dialogfenster: Mittels Mausklick (linke Maustaste) die auszublendenden Objekte auswählen.
3. Auswahl zum Einblenden / Ausblenden
   a. Einzelner Objekte: mittels Mausklick (linke Maustaste) auf das Symbol `'Auge'` hinter der Objektbezeichnung.
   b. Aller Objekte: mittels Mausklick (linke Maustaste) auf die Schaltfläche `'Alle anzeigen'` bzw. `'Alle ausblenden'`.

Hinweis: Da durch das Ausblenden die Objekte nicht mit ausgedruckt werden, eignet sich dieses Vorgehen insbesondere für Probe- / Konzeptdrucke, bei denen bspw. der Text zu prüfen ist, jedoch auf Abbildungen verzichtet werden kann.

2.4.10 Problem: Excel druckt leere Seiten

Mitunter druckt Excel mehr Seiten als eigentlich beschrieben sind. Das ist bspw. dann der Fall, wenn irgendwann eine Tabelle größer war und beim Löschen der nicht benötigten Zeilen / Spalten ein Zeichen in einer Zelle vergessen wurde. Nachstehende Schritte können für Abhilfe sorgen:

Tipp 1:

1. Tastenkombination `Strg` + `Ende` drücken.
   Es wird die Zelle aktiviert, in welcher die letzte nicht leere Zeile und nicht leere Spalte zusammenlaufen.
2. Die nicht benötigten Zeilen / Spalten löschen.
3. Tastenkombination `Strg` + `Pos1` drücken.
   Es wird die Zelle `'A1'` *aktiviert.*
4. In der Menüleiste auswählen: `'Datei'` → `'Speichern'`.

Tipp 2:

1. Alle benötigten Zellen markieren.
2. Tastenkombination `Strg` + `c` drücken.
   Damit befinden sich die Daten in der Zwischenablage.
3. Tastenkombination `Shift ⇧` + `F11` drücken.

2 Dateifunktionen

Damit wird ein neues Tabellenblatt eingefügt.
4. Mausklick (linke Maustaste) in die Zelle, in der die Tabellendaten beginnen sollen.
5. Tastenkombination $\boxed{\texttt{Strg}}$ + $\boxed{\texttt{v}}$ drücken.
 Damit werden die Daten der Zwischenablage in die Tabelle eingefügt.
6. In der Menüleiste auswählen: `'Datei'` → `'Speichern'`.

<u>Tipp</u> 3:

1. Alle nicht benötigten Zeilen / Spalten markieren.
2. Mausklick (rechte Maustaste).
3. In dem sich öffnenden Kontextmenü auswählen: `'Zellen löschen'`.

3 Editierfunktionen

3.1 Markieren

3.1.1 Markieren von Zellen

Zelle		nicht		
			zusam- men-	
				hängende
zusam- men-	hän- gende	Zellen		
				Zellen

<u>Tipp</u> 1: **Einzelne Zelle markieren (aktivieren)**
1. Mausklick (linke Maustaste) in eine Zelle.

<u>Tipp</u> 2: **Zusammenhängende Zellen markieren**
1. Mausklick (linke Maustaste) in die erste zu markierende Zelle und Maustaste gedrückt halten.
2. Mit der gedrückten Maustaste über die zu markierenden Zellen ziehen.
3. Maustaste loslassen.

3 Editierfunktionen

<u>Tipp</u> 3: **Nicht zusammenhängende Zellen markieren**

1. Taste ⌈Strg⌉ drücken und gedrückt halten.
2. Mausklick (linke Maustaste) auf alle nicht zu markierenden Zellen.
3. Taste ⌈Strg⌉ loslassen.

Hinweis: Einzelne Zellen können nicht 'demarkiert' werden. Hat man eine Zelle irrtümlich mitmarkiert, muss die Markierung komplett neu erfolgen.

<u>Tipp</u> 4: **Zellen mit bestimmten Inhalt markieren**

1. Taste ⌈F5⌉ drücken.
2. In dem sich öffnenden Dialogfenster Mausklick (linke Maustaste) auf die Schaltfläche `'Inhalte...'` und Option, z. B. `'Formeln'` auswählen.
3. Mausklick (linke Maustaste) auf die Schaltfläche `'OK'`.

Deaktivieren der Markierung

Die Markierung wird mittels Mausklick (linke Maustaste) in eine beliebige Zelle aufgehoben.

3.1.2 Markieren von Spalten

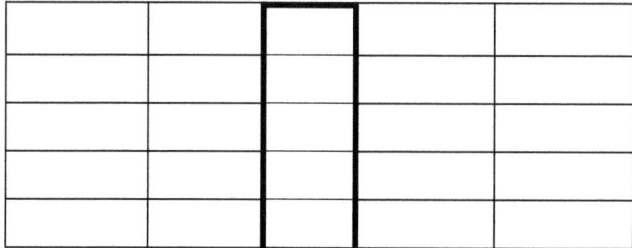

Tipp 1: **Eine Spalte markieren**

1. Mausklick (linke Maustaste) auf den betreffenden Spaltenkopf.

Tipp 2: **Aktuelle Spalte markieren**

1. Mausklick (linke Maustaste) in die betreffende Spalte.
2. Tastenkombination [Strg] + [Leertaste] drücken.

Tipp 3: **Mehrere Spalten markieren**

1. Mausklick (linke Maustaste) auf einen betroffenen Spaltenkopf.
2. Taste [Strg] drücken und gedrückt halten.
3. Mausklick (linke Maustaste) auf alle betroffenen Spaltenköpfe.
4. Taste [Strg] loslassen.

3 Editierfunktionen

Deaktivieren der Markierung

1. Mausklick (linke Maustaste) in eine beliebige Zelle.

3.1.3 Markieren von Zeilen

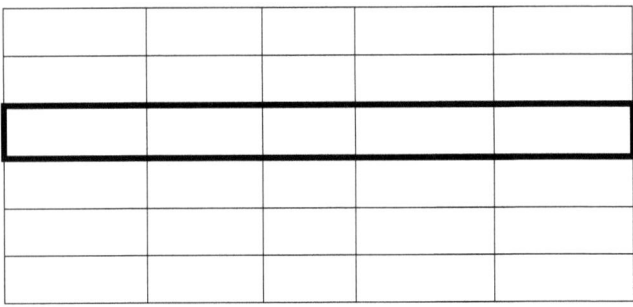

Tipp 1: **Eine Zeile markieren**

1. Mausklick (linke Maustaste) auf den betroffenen Zeilenkopf.

Tipp 2: **Aktuelle Zeile markieren**

1. Mausklick (linke Maustaste) in die betreffende Zeile.
2. Tastenkombination Shift ⇧ + Leertaste drücken.

3 Editierfunktionen

<u>Tipp</u> 3: **Mehrere Zeilen markieren**

1. Mausklick (linke Maustaste) auf einen betroffenen Zeilenkopf.
2. Taste $\boxed{\texttt{Strg}}$ drücken und gedrückt halten.
3. Mausklick (linke Maustaste) auf alle betroffenen Zeilenköpfe.
4. Taste $\boxed{\texttt{Strg}}$ loslassen.

Deaktivieren der Markierung

Die Markierung wird mittels Mausklick (linke Maustaste) in eine beliebige Zelle aufgehoben.

3.1.4 Markieren eines Zellbereiches

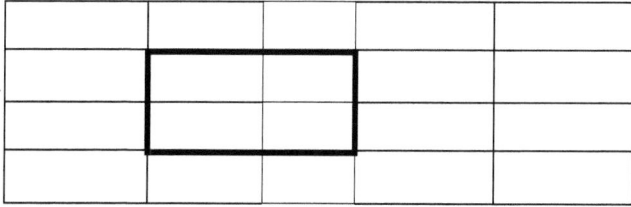

<u>Tipp</u> 1:

1. Mausklick (linke Maustaste) in die oberste linke Zelle des Bereiches.
2. Taste $\boxed{\texttt{Shift} \ \Uparrow}$ drücken und gedrückt halten.

3 Editierfunktionen

3. Mausklick (linke Maustaste) in die unterste rechte Zelle des Bereiches.
4. Taste `Shift ⇧` loslassen.

Hinweis: Für ein leichteres Markieren großer Bereiche empfiehlt es sich, den Zoombereich entsprechend zu verkleinern.

Tipp 2:

1. Mausklick (linke Maustaste) in die oberste linke Zelle der Tabelle.
2. Taste `F5` drücken.
3. In dem sich öffnenden Dialogfenster Mausklick (linke Maustaste) auf die Schaltfläche `'Inhalte...'` und Option `'Aktueller Bereich'` auswählen.
4. Mausklick (linke Maustaste) auf die Schaltfläche `'OK'`.
   Nun ist die gesamte Tabelle bis zur ersten leeren Spalte / leeren Zeile markiert.

Tipp 3:

1. Taste `F8` drücken (Erweiterungsmodus).
2. Mit den `Pfeiltaste ←→↑↓` die Markierung entsprechend erweitern.

Tipp 4: **Markieren mehrerer Bereiche**

1. Markieren des ersten Bereiches.
2. Taste ⌷Strg⌷ drücken und gedrückt halten.
3. Markieren eines weiteren Bereiches.
4. Taste ⌷Strg⌷ loslassen.

3.1.5 Markieren eines Zellblockes

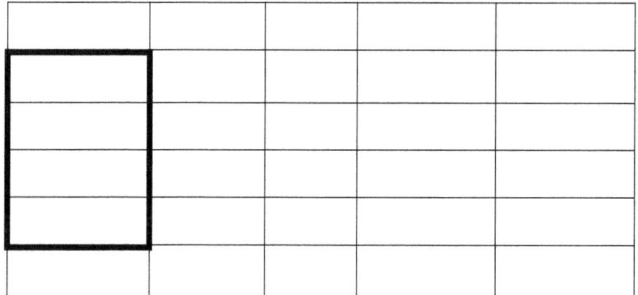

1. Taste ⌷Shift ⇧⌷ drücken und gedrückt halten.
2. Doppelmausklick (linke Maustaste) auf den Rand der Zelle.
3. Taste ⌷Shift ⇧⌷ loslassen.

Hinweis: Wenn der Mausklick auf den oberen Zellrand erfolgt, erstreckt sich der Zellblock nach oben bis zur nächsten freien Zelle. Entsprechend analog ist das Verfahren in die anderen Richtungen.

3.1.6 Tabellenblatt markieren

Tipp 1: **Ein Tabellenblatt markieren**

1. Mausklick (linke Maustaste) in das graue Kästchen oben links, wo Spalten- und Zeilenköpfe zusammentreffen.

Tipp 2: **Mehrere zusammenhängende Tabellenblätter markieren**

1. Mausklick (linke Maustaste) auf das erste zu markierende Blattregister.
2. Taste `Shift ⇧` drücken und gedrückt halten.
3. Mausklick (linke Maustaste) auf das letzte zu markierende Tabellenblatt.
4. Taste `Shift ⇧` loslassen.
   Alle dazwischen liegenden Blätter, einschließlich des ersten und des letzten Blattes, sind markiert.

Tipp 3: **Mehrere nicht zusammenhängende Tabellenblätter markieren**

1. Mausklick (linke Maustaste) auf das erste zu markierende Blattregister.
2. Taste `Strg` drücken und gedrückt halten.
3. Mausklick (linke Maustaste) nacheinander auf alle zu markierenden Tabellenblätter.

4. Taste `Strg` loslassen.

Deaktivieren der Markierung

1. Taste `Shift ⇧` drücken und gedrückt halten.
2. Mausklick (linke Maustaste) auf das Blattregister des aktiven Blattes.
3. Taste `Shift ⇧` loslassen.

Hinweis: Die Markierung einzelner Tabellenblätter wird mit der Taste Strg deaktiviert.

3.1.7 Alle Objekte gleichzeitig markieren

1. Taste `F5` drücken.
2. In dem sich öffnenden Dialogfenster Mausklick (linke Maustaste) auf die Schaltfläche `'Inhalte...'` und Option `'Objekte'` auswählen.
3. Mausklick (linke Maustaste) auf die Schaltfläche `'OK'`.

3.1.8 Zellen, Zeilen und Spalten markieren

Mit den nachstehenden Schritten können Zellen, Zeilen und Spalten in Kombination zueinander markiert werden.

1. Taste $\boxed{\text{Strg}}$ drücken und gedrückt halten.
2. Mausklick (linke Maustaste) in die betreffenden Zellen.
3. Mausklick (linke Maustaste) auf den betreffenden Zeilenkopf.
4. Mausklick (linke Maustaste) auf den betreffenden Spaltenkopf.

Alle ausgewählten Zellen, Zeilen und Spalten bis auf die zuletzt markierte sind nun farbig hinterlegt und bilden die Form eines Balkenkreuzes.

3.1.9 Markierung verkleinern / vergrößern

3.1.9.1 Verkleinern des markierten Bereiches

1. Taste $\boxed{\text{Shift } \Uparrow}$ drücken und gedrückt halten.
2. Mausklick (linke Maustaste) auf die unterste rechte Zelle des markierten Bereiches, der markiert bleiben soll.

3. Taste ⌈Shift ⇧⌉ loslassen.

3.1.9.2 Vergrößern des markierten Bereiches

1. Taste ⌈Shift ⇧⌉ drücken und gedrückt halten.
2. Mausklick (linke Maustaste) auf die unterste rechte Zelle des Bereiches, der in die vorhandene Markierung einbezogen werden soll.
3. Taste ⌈Shift ⇧⌉ loslassen.

3.1.10 Überprüfen des markierten Bereiches

Mit nachstehender (sich viermal wiederholenden) Tastenkombination wird der markierte Bereich zyklisch nacheinander angezeigt. Somit kann der markierte Bereich überprüft werden.

1. Taste ⌈Strg⌉ + ⌈Shift ⇧⌉ + ⌈#⌉ drücken.
   Ausgehend von der aktivierten Zelle werden bei wiederholendem Drücken der Tastenkombination nacheinander die Grenzzellen angezeigt.

3 Editierfunktionen

3.2 Kopieren

<u>Tipp 1</u>: **Kopieren von Zellinhalten (mit Überschreiben des Zielbereiches)**

1. Eingabe der Daten in die erste Zelle.
2. Mausklick (linke Maustaste) auf das Markierungsrechteck in der rechten unteren Ecke der Zelle und mit gehaltener Maustaste so weit nach unten / oben / rechts oder links ziehen wie ausgefüllt werden soll.

Sollte es sich beim Zellinhalt um Zahlen oder auch temporäre Daten (bspw. Wochentage) handeln, kann es passieren, dass Excel diese als Glied einer Reihe erkennt und auch als diese behandelt (siehe AutoAusfüllen).

<u>Problembehandlung</u>:

Variante 1:

1. Zwei Zellen mit den gleichen Daten ausfüllen.
2. Beide Zellen markieren.
3. Mausklick (linke Maustaste) auf das Markierungsrechteck in der rechten unteren Ecke der zweiten Zelle und mit gehaltener Maustaste so weit nach unten oder rechts ziehen wie ausgefüllt werden soll.

Variante 2:

1. Eingabe der Daten in die erste Zelle.
2. Taste Strg drücken und gedrückt halten.
3. Mausklick (linke Maustaste) auf das Markierungsrechteck in der rechten unteren Ecke der Zelle und mit gehaltener Maustaste so weit nach unten oder rechts ziehen wie ausgefüllt werden soll.
4. Taste Strg loslassen.

Hinweis: Je nachdem wie die Tastaturoptionen eingestellt sind, kann das automatische Vervollständigen einer Zahlenreihe mit oder ohne Zuhilfenahme der Taste Strg *erfolgen.*

Tipp 2: **Kopieren von Formeln**

1. Formel in die erste Zelle eingeben.
2. Doppelmausklick (linke Maustaste) auf das Markierungsrechteck in der rechten unteren Ecke der Zelle.
   Nun kopiert Excel die Formel nach unten bis zu der letzten Zeile, in der die linke Nachbarzelle Daten enthält.

Tipp 3: **Kopieren von Formaten (mit Übertragung auf den Zielbereich)**

1. Markieren der betreffenden Zelle(n).
2. In der Menüleiste auswählen: `'Start'` und Mausklick auf das Symbol `'Format übertragen'`.
3. Mausklick (linke Maustaste) auf die erste Zielzelle.

Hinweis: Es werden nur die Formate und nicht der Zellinhalt auf den Zielbereich übertragen.

Tipp 4: **Kopieren von Formaten (mit Überschreiben des Zielbereichs)**

1. Markieren der betreffenden Zelle(n).
2. Tastenkombination `Strg` + `c` drücken.
3. Mausklick (linke Maustaste) auf die erste Zielzelle.
4. Tastenkombination `Strg` + `v` drücken.

Hinweis: Es werden die Inhalte und Formate der markierten Zellen auf den Zielbereich übertragen. Die Inhalte, Formate und Einstellungen des Zielbereiches werden dabei überschrieben.

Tipp 5: Kopieren von Formaten (mit Erstellen einer Verknüpfung zur Ausgangsquelle)

1. Markieren der betreffenden Zelle(n).
2. Tastenkombination `Strg` + `C` drücken.
3. Mausklick (rechte Maustaste) auf die erste Zielzelle.
4. In dem sich öffnenden Kontextmenü auswählen: `'Inhalte einfügen...'` → `'Inhalte einfügen...'`.
5. Mausklick (linke Maustaste) auf die Schaltfläche `'Verknüpfen'`.

Hinweis: Es werden die Formate der markierten Zellen kopiert und anstelle der Zellinhalte Verknüpfungen auf die Ausgangsquelle erstellt. Wird die Ausgangsquelle verändert, aktualisiert sich automatisch die Zielzelle.

Tipp 6: Kopieren von Werten

1. Markieren der betreffenden Zelle(n).
2. Tastenkombination `Strg` + `C` drücken.
3. Mausklick (rechte Maustaste) auf die erste Zielzelle.
4. In dem sich öffnenden Kontextmenü auswählen: `'Inhalte einfügen...'` → `'Inhalte einfügen...'`.
5. Option *'Werte'* aktivieren.

3 Editierfunktionen

6. Mausklick (linke Maustaste) auf die Schaltfläche `'OK'`.

Hinweis: Es werden nur die aktuellen Ergebnisse in den Zielbereich eingetragen. Die Formate des Zielbereiches bleiben erhalten.

<u>Tipp</u> 7: **Kopieren eines Tabellenblattes**

Variante 1:

1. Mausklick (rechte Maustaste) auf das Blattregister.
2. In dem sich öffnenden Kontextmenü auswählen: `'Verschieben oder kopieren...'`.
3. Unter `'Einfügen vor'` den Ort angeben, wohin die Tabelle eingefügt werden soll.
4. Mittels Mausklick (linke Maustaste) aktivieren der Option `'Kopie erstellen'`.
   Wichtig, da sonst die Tabelle nur verschoben wird.
5. Mausklick (linke Maustaste) auf die Schaltfläche `'OK'`.

3 Editierfunktionen

Variante 2:

1. Mausklick (linke Maustaste) in die linke obere Ecke der Tabelle, in welcher die Zeilen- und Spaltenköpfe zusammenlaufen.
2. Tastenkombination `Strg` + `c` drücken.
3. Tastenkombination `Shift ⇧` + `F11` drücken.
4. In dem damit neu erstellten Tabellenblatt: Mausklick (linke Maustaste) in die linke obere Ecke der Tabelle, in welcher die Zeilen- und Spaltenköpfe zusammenlaufen.
5. Tastenkombination `Strg` + `v` drücken.

Tipp 8: Kopieren von Einstellungen

Mit nachstehenden Schritten können Einstellungen (bspw. Spaltenbreite, Hoch- / Querformat, Randeinstellungen, Kopf- und Fußzeile) eines Tabellenblattes auf ein anderes übertragen werden.

1. Markieren der betreffenden Zelle(n).
2. Tastenkombination `Strg` + `c` drücken.
3. In der Menüleiste auswählen: `'Einfügen'` → `'Tabellenblatt'`.
4. Tastenkombination `Strg` + `v` drücken.
   Damit werden die Inhalte und Formate übertragen.
5. Mausklick (rechte Maustaste).

3 Editierfunktionen

6. In dem sich öffnenden Kontextmenü auswählen: `'Inhalte einfügen...'` → `'Inhalte einfügen...'`.
7. Mittels Mausklick (linke Maustaste) aktivieren der Option `'Spaltenbreite'`.
8. Mausklick (linke Maustaste) auf die Schaltfläche `'OK'`.
   Damit werden die Einstellungen übertragen.

Tipp 9: Kopieren von (Auto)-Filterergebnissen

1. Markieren der angezeigten Datensätze. (Filterergebnisse)
2. Tastenkombination [Strg] + [C] drücken.
3. Mausklick (linke Maustaste) in die erste Zielzelle.
4. Tastenkombination [Strg] + [V] drücken.

3.3 Verschieben

Tipp 1: Verschieben von Zellen / Zellbereichen (mit Überschreiben der Zielzellen)

Variante 1:

1. Markieren der zu verschiebenden Zelle(n).
2. Tastenkombination [Strg] + [X] drücken.
3. Mausklick (linke Maustaste) in die erste Zielzelle.
4. Tastenkombination [Strg] + [V] drücken.

3 Editierfunktionen

Variante 2:
1. Markieren der zu verschiebenden Zelle(n).
2. Mausklick (linke Maustaste) auf den Rand der Markierung und Maustaste gedrückt halten (Mauszeiger wird mit vier Pfeilspitzen angezeigt).
3. Zelle(n) an die gewünschte Position ziehen.

Tipp 2: **Verschieben von Zellen / Zellbereichen (ohne Überschreiben der Zielzellen)**

1. Markieren der zu verschiebenden Zelle(n).
2. Mausklick (linke Maustaste) auf den Rand der Markierung und Maustaste gedrückt halten (Mauszeiger wird mit vier Pfeilspitzen angezeigt).
3. Zelle(n) an die gewünschte Position ziehen und vor dem Loslassen der Maustaste die Taste `Shift ⇧` drücken.
   Ein Balken zeigt an, zwischen welchen Zellen der markierte Bereich eingefügt wird.

Tipp 3: **Verschieben eines Tabellenblattes**

1. Mausklick (rechte Maustaste) auf das Blattregister.
2. In dem sich öffnenden Kontextmenü auswählen: `'Verschieben oder kopieren...'`.

3 Editierfunktionen

3. Unter *'Einfügen vor'* den Ort angeben, wo die Tabelle eingefügt werden soll.
4. Mausklick (linke Maustaste) auf die Schaltfläche *'OK'*.

Tipp 4: **Verschieben eines Zellinhaltes mittels 'Drag & Drop' (mit Überschreiben der Zielzellen)**

1. In der Menüleiste auswählen: *'Datei'* → *'Optionen'* → *'Erweitert'*.
2. Mittels Mausklick (linke Maustaste) aktivieren der Option *'Ausfüllkästchen und Drag & Drop von Zellen aktivieren'*.
3. Mittels Mausklick (linke Maustaste) aktivieren der Option *'Vor dem Überschreiben von Zellen warnen'*.
4. Mausklick (linke Maustaste) auf die Schaltfläche *'OK'*.
5. Markieren der zu verschiebenden Zellen.
6. Mausklick (linke Maustaste) auf den Rand der Markierung und Maustaste gedrückt halten (Mauszeiger wird mit vier Pfeilspitzen angezeigt).
7. Zelle(n) an die gewünschte Position ziehen.
8. Bei der sich öffnenden Abfrage *'Sollen die Inhalte der Zellen des Zielbereichs überschrieben werden?'*

Mausklick (linke Maustaste) auf die Schaltfläche `'OK'`.

Deaktivieren der Drag & Drop - Funktion

1. In der Menüleiste auswählen: `'Datei'` → `'Optionen'` → `'Erweitert'`.
2. Mittels Mausklick (linke Maustaste) deaktivieren der Option `'Ausfüllkästchen und Drag & Drop von Zellen aktivieren'`.
3. Mittels Mausklick (linke Maustaste) deaktivieren der Option `'Vor dem Überschreiben von Zellen warnen'`.
4. Mausklick (linke Maustaste) auf die Schaltfläche `'OK'`.

3.4 Suchen

Mit nachstehenden Schritten kann nach beliebigen Zeichen, Zeichengruppen oder auch Formaten gesucht werden.

3 Editierfunktionen

Tipp 1: **Gebräuchliche Zeichen suchen**

1. In der Menüleiste auswählen: `'Start'` → `'Suchen und Auswählen'` → `'Suchen...'`.
2. In dem sich öffnenden Dialogfenster: Eingabe der gesuchten Zeichen.
3. Ggf. Mausklick (linke Maustaste) auf die Schaltfläche `'Optionen >>'` und dort weitere Eingaben vornehmen.
4. Mausklick (linke Maustaste) auf die Schaltfläche `'Weitersuchen'`.

Tipp 2: **Zeichen `'~'` suchen**

1. In der Menüleiste auswählen: `'Start'` → `'Suchen und Auswählen'` → `'Suchen...'`.
2. In dem sich öffnenden Dialogfenster: doppelte Eingabe des gesuchten Zeichens: ~~.
3. Ggf. Mausklick (linke Maustaste) auf die Schaltfläche `'Optionen >>'` und dort weitere Eingaben vornehmen.
4. Mausklick (linke Maustaste) auf die Schaltfläche `'Weitersuchen'`.

Hinweis: Das Zeichen `'~'` erhält man mittels Tastenkombination `AltGr` + `+`.

Tipp 3: Zeichen '*' suchen

1. In der Menüleiste auswählen: `'Start'` → `'Suchen und Auswählen'` → `'Suchen...'`.
2. In dem sich öffnenden Dialogfenster: Eingabe des gesuchten Zeichens mit vorangestellter Tilde: ~*.
3. Ggf. Mausklick (linke Maustaste) auf die Schaltfläche `'Optionen >>'` und dort weitere Eingaben vornehmen.
4. Mausklick (linke Maustaste) auf die Schaltfläche `'Weitersuchen'`.

Hinweis: Das Zeichen '~' erhält man mittels Tastenkombination `AltGr` + `+`.

3.5 Ersetzen

1. In der Menüleiste auswählen: `'Start'` → `'Suchen und Auswählen'` → `'Ersetzen...'`.
2. In dem sich öffnenden Dialogfenster im Feld `'Suchen nach'` Eingabe der gesuchten Zeichen, bspw.: Ä
3. Im Feld `'Ersetzen durch'` Eingabe der ersetzenden Zeichen, bspw.: AE

4. Mausklick (linke Maustaste) auf die Schaltfläche `'Weitersuchen'`.
5. Mausklick (linke Maustaste) auf die Schaltfläche `'Ersetzen'` oder `'Alle ersetzen'`.

3.6 Zeile

3.6.1 Zeilenumbruch

<u>Tipp</u> 1: **Automatischer Zeilenumbruch am Zellenende**

1. Markieren der betreffenden Zellen.
2. Mausklick (rechte Maustaste).
3. In dem sich öffnenden Kontextmenü auswählen: `'Zellen formatieren...'`.
4. In dem sich öffnenden Dialogfenster: Mausklick (linke Maustaste) auf die Registerkarte `'Ausrichtung'`.
5. Mittels Mausklick (linke Maustaste) aktivieren der Option `'Zeilenumbruch'`.
6. Mausklick (linke Maustaste) auf die Schaltfläche `'OK'`.
   Nun setzt Excel automatisch bei Erreichen des Zellenendes einen Zeilenumbruch.

Tipp 2: **Zeilenumbruch an gewünschter Stelle**

1. Mausklick (linke Maustaste) in die betreffende Zelle.
2. Mausklick (linke Maustaste) in die Bearbeitungsleiste.
3. An gewünschter Stelle die Tastenkombination `ALT` + `Enter ↵` drücken.
4. Mausklick (linke Maustaste) in eine beliebige Zelle.
   Nun setzt Excel an der gewünschten Stelle einen Zeilenumbruch.

3.6.2 Zeile(n) löschen

Tipp 1:

1. Mausklick (linke Maustaste) auf die erste zu löschende Zeile.
2. Taste `Shift ⇧` drücken und gedrückt halten.
3. Mit der `Pfeiltaste ↓` eine Zelle aller zu löschenden Zeilen markieren.
4. Taste `Shift ⇧` loslassen.
5. Tasten `Strg` + `-` drücken.
6. In dem sich öffnenden Dialogfenster Aktivieren der Option *'Ganze Zeile'*.

3 Editierfunktionen

7. Mausklick (linke Maustaste) auf die Schaltfläche `'OK'`.

Tipp 2:

1. Mausklick (linke Maustaste) auf den Zeilenkopf der ersten zu löschenden Zeile.
2. Falls mehrere Zeilen gelöscht werden sollen, Taste `Strg` drücken und gedrückt halten.
3. Mausklick (linke Maustaste) auf den Zeilenkopf aller zu löschenden Zeilen.
4. Taste `Strg` loslassen.
5. Tastenkombination `Strg` + `-` drücken.
   Nun hat Excel die betreffenden Zeilen gelöscht.

3.6.3 Leerzeile(n) einfügen

Tipp 1: Eine Leerzeile oberhalb der aktivierten Zelle einfügen

1. Mausklick (rechte Maustaste) auf den Zeilenkopf, über die eine Leerzeile eingefügt werden soll.
2. In dem sich öffnenden Kontextmenü auswählen: `'Zellen einfügen'`.

Tipp 2: **Mehrere Leerzeilen oberhalb der aktiven Zelle einfügen**

Variante 1:

1. Markieren so vieler zusammenhängender Leerzeilen wie eingefügt werden sollen.
2. Tastenkombination ⌊Strg⌋ + ⌊C⌋ drücken.
3. Mausklick (linke Maustaste) in die Zelle der Spalte 'A', über die mehrere Leerzeilen eingefügt werden sollen.
4. Tastenkombination ⌊Strg⌋ + ⌊+⌋ drücken.

Variante 2:

1. Mausklick (linke Maustaste) in die Zelle der Spalte 'A', über die mehrere Leerzeilen eingefügt werden sollen.
2. Taste ⌊Shift ⇧⌋ drücken und gedrückt halten.
3. Mit der ⌊Pfeiltaste ↓⌋ jeweils eine Zelle so vieler Zeilen markieren wie eingefügt werden sollen.
4. Taste ⌊Shift ⇧⌋ loslassen.
5. Tasten ⌊Strg⌋ + ⌊+⌋ drücken.
6. In dem sich öffnenden Dialogfenster auswählen: `'Ganze Zeile'`.
7. Mausklick (linke Maustaste) auf die Schaltfläche `'OK'`.

Variante 3:

1. Markieren so vieler zusammenhängender Zeilenköpfe wie Leerzeilen eingefügt werden sollen. *Beginnend mit der Position, an der die erste Leerzeile eingefügt werden soll.*
2. Mausklick (rechte Maustaste) in den markierten Bereich.
3. In dem sich öffnenden Kontextmenü auswählen: `'Zellen einfügen'`.

3.6.4 Zeilenhöhe anpassen

Variante 1:

1. Markieren aller Zeilen, deren Zeilenhöhe angepasst werden soll.
2. Mausklick (rechte Maustaste) in den markierten Bereich.
3. In dem sich öffnenden Kontextmenü auswählen: `'Zeilenhöhe...'`.
4. Eingabe der gewünschten Zeilenhöhe.
5. Mausklick (linke Maustaste) auf die Schaltfläche `'OK'`.

3 Editierfunktionen

Variante 2:

1. Markieren aller Zeilen, deren Zeilenhöhe angepasst werden soll.
2. Mausklick (linke Maustaste) auf den unteren Rand eines Zeilenkopfes der markierten Zeilen. und Maustaste gedrückt halten (Mauszeiger wird mit zwei Pfeilspitzen angezeigt).
3. Mit der Maus auf die gewünschte Zeilenhöhe ziehen.

Hinweis: Bei diesem Vorgehen wird die Zeilenhöhe bei späteren Zelleinträgen nicht automatisch angepasst.

Die Zeilenhöhe wird in typographischen Punkten angegeben. (Typographischer Punkt = pt)

1 pt   = 1/72 Zoll
          = ca. 0,35 mm
28,5 pt = 1 cm Zeilenhöhe

3.6.5 Zeile(n) ausblenden

1. Markieren der betreffenden Zeilenköpfe.
2. Mausklick (rechte Maustaste).
3. In dem sich öffnenden Kontextmenü auswählen: `'Ausblenden'`.

Hinweis: Auf dem Ausdruck sind ausgeblendete Zeilen nicht zu sehen. Zahlen, die in ausgeblendeten Zeilen stehen, werden jedoch in Berechnungen einbezogen. Das ist bspw. bei Berechnungen empfehlenswert, bei denen nur ein Teilergebnis bekannt gegeben werden soll.

3.6.6 Zeile(n) einblenden

1. Markieren der angrenzenden Zeilenköpfe (davor und danach liegend).
2. Mausklick (rechte Maustaste).
3. In dem sich öffnenden Kontextmenü auswählen: `'Einblenden'`.

3.6.7 Zeilen mit Spalten tauschen

Bei einer bereits existierenden Tabelle können Zeilen mit Spalten getauscht werden (= Transponieren).

1. Markieren aller Zellen der Tabelle.
2. Tastenkombination `Strg` + `c` drücken.
   Damit werden die Zellen in die Zwischenablage kopiert.

3. Mausklick (linke Maustaste) in die Zelle, in der die veränderte Tabelle beginnen soll.
   (Die veränderte Tabelle kann auch in ein neues Tabellenblatt eingefügt werden.)
4. Mausklick (rechte Maustaste).
5. In dem sich öffnenden Kontextmenü auswählen: `'Inhalte einfügen...' -> 'Inhalte einfügen...'`.
6. In dem sich öffnenden Dialogfenster aktivieren der Option `'Transponieren'`.
7. Mausklick (linke Maustaste) auf die Schaltfläche `'OK'`.

Hinweis: Es kann zu Problemen kommen, wenn die veränderte Tabelle in der gleichen Zelle beginnen soll wie die Ursprungstabelle. Überlappungen sind zu vermeiden.

3.6.8 Zeilen gemäß Bedingung färben

<u>Beispiel</u>: Jede zweite Zeile einfärben

Variante 1:

1. Den ersten zwei Zeilen die gewünschten Formate zuweisen.
2. Markieren dieser ersten beiden Zeilen.

3. Mausklick auf das Symbol *'Pinsel'* (= *'Format übertragen'*).
4. Mit gedrückter Maustaste (linke Maustaste) Markieren aller Zeilen, auf die das definierte Format übertragen werden soll.
   Nun färbt Excel automatisch alle Zeilen analog der ersten beiden ein.

Hinweis: Das Verfahren ist nicht zu empfehlen, sofern noch an dem Datenbestand gearbeitet wird, bspw. Zeilen eingefügt oder Datensätze kopiert werden sollen.

Variante 2:

1. Markieren der zu formatierenden Zeilen.
2. In der Menüleiste auswählen: *'Start'* → *'Bedingte Formatierung'* → *'Neue Regel...'*.
3. In dem sich öffnenden Dialogfenster auswählen: *'Formel zur Ermittlung der zu formatierenden Zellen verwenden'*.
4. Eingabe der Formel: *=Ganzzahl(Zeile()/2)=Zeile()/2*
5. Mausklick (linke Maustaste) auf die Schaltfläche *'Formatieren...'*.

6. Wechseln zur Registerkarte '`Ausfüllen`'.
7. Auswahl der gewünschten Farbe bzw. weiterer Fülleffekte.
8. Mausklick (linke Maustaste) auf die Schaltfläche '`OK`' der Registerkarte.
9. Mausklick (linke Maustaste) auf die Schaltfläche '`OK`' des Dialogfensters '`Neue Formatierungsregel`'.

Hinweis: Die Formatierung muss nicht auf die ganze Zeilenbreite angewendet werden, es kann auch eine Begrenzung, bspw. auf Tabellenbreite oder eine Spalte vorgenommen werden. In diesem Fall ist nur der gewünschte Bereich zu markieren.

3.6.9 Zeilennamen definieren

1. Markieren des gewünschten Zellbereichs.
2. Mausklick (linke Maustaste) in das '`Namenfeld`' (links neben der '`Bearbeitungsleiste`').
3. Gewünschten Namen eingeben.
4. Taste `Enter ↵` drücken.
 Nun kann bspw. in Formeln statt des Zeilenbezuges der Name eingegeben werden.

3.6.10 Zeilennummer einfügen

Variante 1: Fortlaufende Nummerierung

1. Mausklick (linke Maustaste) in die betreffende Zelle.
2. Eingabe der Formel: =Zeile()
3. Taste Enter ⏎ drücken.
   Damit wird die aktuelle Zeilennummer ausgegeben.

Variante 2: Beginn der Nummerierung ab einer definierten Zeile, bspw. ab der 5. Zeile

1. Mausklick (linke Maustaste) in die betreffende Zelle.
2. Eingabe der Formel: =Zeile()-4
   Damit wird die 5. Zeile als 1. Zeile gezählt.
3. Taste Enter ⏎ drücken.

3.7 Spalten

3.7.1 Spalte(n) einfügen

Variante 1:

1. Mausklick (linke Maustaste) auf den Spaltenkopf, vor dem eine oder mehrere Spalten eingefügt werden sollen.
2. Markieren so vieler Spalten wie eingefügt werden sollen.
3. Tastenkombination `Strg` + `+` drücken.
   Nun hat Excel die gewünschte Spaltenanzahl eingefügt.

Variante 2:

1. Mausklick (linke Maustaste) in eine Zelle der Spalte, vor der eine neue Spalte eingefügt werden soll.
2. Tastenkombination `Strg` + `Leertaste` drücken.
   Damit wird eine Spalte markiert.
3. Tastenkombination `Strg` + `+` drücken.
   Damit wird eine Spalte eingefügt.

Variante 3:

1. Markieren so vieler Spalten wie eingefügt werden sollen.
   Beginnend mit der Spalte, vor der neue Spalten eingefügt werden sollen.
2. Mausklick (rechte Maustaste) in den markierten Bereich.
3. In dem sich öffnenden Kontextmenü auswählen: `'Zellen einfügen'`.

3.7.2 Spalte(n) löschen

Variante 1:

1. Mausklick (linke Maustaste) auf die Spaltenköpfe der zu löschenden Spalten.
2. Tastenkombination $\boxed{\text{Strg}}$ + $\boxed{-}$ drücken.
   Nun hat Excel die gewünschten Spalten gelöscht.

Variante 2:

1. Mausklick (linke Maustaste) in eine Zelle der Spalte, die gelöscht werden soll.
2. Tastenkombination $\boxed{\text{Strg}}$ + $\boxed{\text{Leertaste}}$ drücken.
   Damit wird eine Spalte markiert.
3. Tastenkombination $\boxed{\text{Strg}}$ + $\boxed{-}$ drücken.
   Damit wird die markierte Spalte gelöscht.

3.7.3 Spaltenbreite anpassen

In Excel können Spalten nachträglich angepasst werden. Das könnte sich bspw. dann als notwendig erweisen, wenn der Text in der Zelle länger als die Breite der Spalte ist und Excel den Inhalt nur mit '####' darstellt.

Tipp 1: **Eine einzelne Spalte in der Breite anpassen**

1. Doppelmausklick (linke Maustaste) auf den rechten Begrenzungsrand des Spaltenkopfes.
   (Excel passt damit automatisch die Größe der Spalte an den Zellinhalt an.)

Tipp 2: **Mehrere Spalten in der Breite anpassen**

1. Markieren der in der Breite anzupassenden Spalten.
2. Doppelmausklick (linke Maustaste) auf den rechten Begrenzungsrand einer der markierten Spaltenköpfe.

Hinweis: Mit diesem Vorgehen wird die Spaltenbreite bei späteren Zelleinträgen nicht automatisch angepasst.

Tipp 3: **Optimale Breite für alle Spalten**

1. Tastenkombination `Strg` + `Pos1` drücken.
   (Damit gelangt man in die Zelle 'A1'.)

3 Editierfunktionen

2. Tastenkombination ⎡Strg⎤ + ⎡Shift ⇧⎤ + ⎡Ende⎤ drücken. *(Damit wird der gesamte Bereich markiert, der Daten enthält.)*
3. In der Menüleiste auswählen: `'Start'` → `'Format'` → `'Spaltenbreite automatisch anpassen'`.

Hinweis: Die Spaltenbreite ist auf die Schriftbreite bezogen. Eine Spaltenbreite von 5,00 bedeutet, dass ca. 5 Zeichen einer Proportionalschrift in die Zelle passen (abhängig u. a. vom Drucker / Druckertreiber).

3.7.4 Spalte(n) ausblenden

1. Markieren der betreffenden Spaltenköpfe.
2. Mausklick (rechte Maustaste).
3. In dem sich öffnenden Kontextmenü auswählen: `'Ausblenden'`.

Hinweis: Auf dem Ausdruck sind ausgeblendete Spalten nicht zu sehen. Zahlen, die in ausgeblendeten Spalten stehen, werden jedoch in Berechnungen mit einbezogen.

3.7.5 Spalte(n) (wieder) einblenden

1. Markieren angrenzenden Spaltenköpfe (davor und danach liegend).
2. Mausklick (rechte Maustaste).
3. In dem sich öffnenden Kontextmenü auswählen: `'Einblenden'`.

3.7.6 Spaltennamen definieren

1. Markieren der gewünschten Spalten.
2. Mausklick (linke Maustaste) auf `'Namenfeld'` links neben der Bearbeitungsleiste.
3. Eingabe des gewünschten Namens.
4. Taste `Enter↵` drücken.
   Nun kann bspw. bei einer Formel statt der Spaltenbezeichnung der vergebene Name verwendet werden.

3.7.7 Spalteninhalt aufteilen

<u>Beispiel</u>: In der Spalte `'A'` sind die PLZ und der Ort eingetragen. Diese Daten sollen auf zwei Spalten aufgeteilt werden.

1. Rechts neben der Spalte mit dem zu trennenden Inhalt eine leere Spalte einfügen.
   (Sofern nicht bereits vorhanden.)
2. Markieren der Spalte mit dem zu trennenden Inhalt.
3. In der Menüleiste auswählen: `'Daten'` → `'Text in Spalten'`.
4. In dem sich öffnenden Dialogfenster auswählen: `'getrennt'`.
5. Mausklick (linke Maustaste) auf die Schaltfläche `'Weiter'`.
6. Aktivieren der Option `'aufeinander folgende Trennzeichen als ein Zeichen behandeln'`. *(Falls bspw. zwei Leerzeichen versehentlich eingegeben wurden.)*
7. Bei Trennzeichen aktivieren der betreffenden Option (z. B. `'Leerzeichen'`) und deaktivieren aller nicht verwendeten Trennzeichen.
8. Mausklick (linke Maustaste) auf die Schaltfläche `'Weiter'`.
9. Aktivieren des Datenformates `'Standard'`.
10. Mausklick (linke Maustaste) auf die Schaltfläche `'Fertigstellen'`.

Hinweis: Sofern die Nachbarspalte bereits Daten enthält, öffnet sich ein Dialogfenster mit der Abfrage: `'Sollen die Inhalte der Zellen des Zielbereiches überschrieben werden?'` Sofern sie überschrieben werden können: Mausklick (linke Maustaste) auf die Schaltfläche `'OK'`. Damit wird der Spalteninhalt aufgeteilt. Hier im Beispiel: In der Spalte `'A'` steht die PLZ und in der Spalte `'B'` der Ort.

3.8 Zellen

3.8.1 Zellinhalte ausblenden

Zellen können in Excel ausgeblendet werden, so dass sie weder auf dem Bildschirm noch auf dem Ausdruck erscheinen. Die darin enthaltenen Daten werden zu Berechnungen jedoch weiterhin mit herangezogen.

Variante 1:

1. Markieren der betreffenden Zellen.
2. Mausklick (rechte Maustaste) in den markierten Bereich.
3. In dem sich öffnenden Kontextmenü `'Zellen formatieren...'` auswählen.
4. Wechseln auf die Registerkarte `'Zahlen'`.

3 Editierfunktionen

5. Im Auswahlfeld `'Kategorie'` auswählen: `'Benutzerdefiniert'`.
6. Im Auswahlfeld `'Typ'` Überschreiben des Eintrages mit: `;;;` (drei Semikolons).
7. Mausklick (linke Maustaste) auf die Schaltfläche `'OK'`.

Variante 2:

1. Markieren der betreffenden Zellen.
2. In der Menüleiste auswählen: `'Start'`.
3. Mausklick (linke Maustaste) auf das Symbol `'Schriftfarbe'`.
4. Schriftfarbe identisch mit Hintergrundfarbe wählen (z. B. weiß).

3.8.2 Zellinhalte löschen

Tipp 1: **Zellinhalt mit Erhalt des Formates löschen**

Variante 1:

1. Markieren der betreffenden Zelle(n).
2. Taste `Entf` drücken.

3 Editierfunktionen

Variante 2:

1. Markieren der betreffenden Zelle(n).
2. In der Menüleiste auswählen: `'Start'`.
3. Mausklick (linke Maustaste) im Bereich `'Bearbeiten'`. Auf das Symbol für `'Löschen'` (Radiergummi).
4. Auswahl der Option: `'Inhalte löschen'`.

Tipp 2: Zellinhalt ohne Erhalt des Formates löschen

1. Markieren der betreffenden Zelle(n).
2. In der Menüleiste auswählen: `'Start'`.
3. Mausklick (linke Maustaste) im Bereich `'Bearbeiten'`. Auf das Symbol für `'Löschen'` (Radiergummi).
4. Auswahl der Option: `'Alle Löschen'`.

Tipp 3: Nur Formate löschen

1. Markieren der betreffenden Zelle(n).
2. In der Menüleiste auswählen: `'Start'`.
3. Mausklick (linke Maustaste) im Bereich `'Bearbeiten'`. Auf das Symbol für `'Löschen'` (Radiergummi).
4. Auswahl der Option: `'Formate löschen'`.

3 Editierfunktionen

Tipp 4: **Nur Kommentare löschen**

1. Markieren der betreffenden Zelle(n).
2. In der Menüleiste auswählen: `'Start'`.
3. Mausklick (linke Maustaste) im Bereich `'Bearbeiten'`. Auf das Symbol für `'Löschen'` (Radiergummi).
4. Auswahl der Option: `'Kommentare löschen'`.

Tipp 5: **Nur Hyperlinks löschen**

1. Markieren der betreffenden Zelle(n).
2. In der Menüleiste auswählen: `'Start'`.
3. Mausklick (linke Maustaste) im Bereich `'Bearbeiten'`. Auf das Symbol für `'Löschen'` (Radiergummi).
4. Auswahl der Option: `'Hyperlinks löschen'`.

3.8.3 Dateinamen / Speicherpfad ausgeben

Mithilfe einer Formel können in einer Zelle Speicherpfad, Dateiname und Name des aktuellen Tabellenblattes ausgegeben werden.

Tipp 1: Dateiname inklusive Pfad ohne festen Bezug zum aktiven Tabellenblatt ausgeben

Variante 1:

1. Datei speichern.
2. Mausklick (linke Maustaste) in die gewünschte Zelle.
3. Eingabe der Formel: =ZELLE("Dateiname")
4. Taste Enter ⏎ drücken.

Ergebnis, z. B.: C:\User1\Desktop\[Beispiel.xls]Tabelle 1

Variante 2:

1. Datei speichern.
2. Mausklick (linke Maustaste) in die gewünschte Zelle.
3. Eingabe der Formel:
   =ZELLE("Dateiname";A1)
4. Taste Enter ⏎ drücken.

Ergebnis, z. B.: C:\User1\Desktop\[Beispiel.xls]Tabelle 1

3 Editierfunktionen

Tipp 2: Dateiname inklusive Pfad mit festem Bezug zum aktiven Tabellenblatt ausgeben

1. Datei speichern.
2. Mausklick (linke Maustaste) in die gewünschte Zelle.
3. Eingabe der Formel:
   `=ZELLE("Dateiname";$A$1)`
4. Taste Enter ⏎ drücken.

Ergebnis, z. B.: C:\User1\Desktop\[Beispiel.xls]Tabelle 1

Tipp 3: Dateinamen ohne Tabellenblattbezeichnung ausgeben

1. Datei speichern.
2. Mausklick (linke Maustaste) in die gewünschte Zelle.
3. Eingabe der Formel:
   `=LINKS(ZELLE("Dateiname");SUCHEN("]";ZELLE("Dateiname")))`
4. Taste Enter ⏎ drücken.

Ergebnis, z. B.: C:\User1\Desktop\[Beispiel.xls]

Hinweis: Erst nach dem Speichern der Datei und Drücken der F9 *-Taste wird der Wert sichtbar. Wurde die*

3 Editierfunktionen

Datei zu einem späteren Zeitpunkt unter einem anderen Dateinamen abgespeichert, kann der Zellinhalt durch Drücken der F9*-Taste aktualisiert werden.*

Da die Pfadbezeichnung mitunter sehr lang ist, empfiehlt es sich, eine kleinere Schriftart zu wählen.

3.8.4 Zellen ansteuern

Beim Öffnen einer Datei springt Excel standardmäßig zu der Zelle, in der zuletzt etwas eingegeben wurde. Mittels Vergabe eines Namens für eine beliebige Zelle, kann diese über die Funktionalität `'Gehe zu...'` angesteuert werden.

1. Mausklick (linke Maustaste) in die betreffende Zelle.
2. Mausklick (linke Maustaste) in das `'Namenfeld'` links neben der Bearbeitungsleiste.
3. Eingabe einer gewünschten Bezeichnung.
4. Taste Enter ↵ drücken.

   Nun kann über die Option 'Gehe zu....' die Zelle angesteuert werden.

3 Editierfunktionen

5. In der Menüleiste auswählen: `'Start'` → `'Suchen und Auswählen'` → `'Gehe zu...'` (oder F5-Taste drücken).
6. In dem sich öffnenden Dialogfenster Mausklick (linke Maustaste) auf die Bezeichnung der anzusteuernden Zelle.
7. Mausklick (linke Maustaste) auf die Schaltfläche `'OK'`.

3.8.5 Zellen & Inhalte verbinden / verketten

<u>Tipp</u> 1: Leerzellen miteinander verbinden

1. Betreffende Zellen markieren.
2. Mausklick (rechte Maustaste).
3. In dem sich öffnenden Kontextmenü auswählen: `'Zellen formatieren...'`.
4. In dem sich öffnenden Dialogfenster Registerkarte `'Ausrichtung'` auswählen.
5. Aktivieren der Option `'Zellen verbinden'`.
6. Mausklick (linke Maustaste) auf die Schaltfläche `'OK'`.

3 Editierfunktionen

Tipp 2: **Den Dateninhalt von Zellen miteinander verbinden**

1. Mausklick (linke Maustaste) in die erste zu verbindende Zelle, z. B. `'A1'`.
2. Eingabe der Daten, z. B. `'Postleitzahl'`.
3. Mausklick (linke Maustaste) in die zweite zu verbindende Zelle, z. B. `'B1'`.
4. Eingabe der Daten, z. B. `'Ort'`.
5. Mausklick (linke Maustaste) in die Zelle, in der die verbundenen Daten dargestellt werden sollen, z. B. `'C1'`.
6. Eingabe der Formel:
   `= A1&B1`
7. Taste Enter ↵ drücken.

Tipp 3: **Den Dateninhalt von Zellen miteinander verketten**

1. Mausklick (linke Maustaste) in die erste zu verbindende Zelle, z. B. `'A1'`.
2. Eingabe der Daten, z. B. `'Postleitzahl'`.
3. Mausklick (linke Maustaste) in die zweite zu verbindende Zelle, z. B. `'B1'`.
4. Eingabe der Daten, z. B. `'Ort'`.
5. Mausklick (linke Maustaste) in die Zelle, in der die verbundenen Daten dargestellt werden sollen, z. B. `'C1'`.

3 Editierfunktionen

6. Eingabe der Formel:
   =" "&A1&" "&B1
7. Taste `Enter ↵` drücken.

Hinweis: Sofern ein Abstand zwischen den verketteten Teilen gewünscht wird (hier im Beispiel: Postleitzahl und Ort), kann zwischen den Anführungszeichen ein Leerzeichen gesetzt werden. (siehe 6.)

3.9 Bereiche

3.9.1 Zellbereich als Grafik kopieren

1. Markieren des zu kopierenden Bereichs.
2. Tastenkombination `Strg` + `c` drücken.
3. Mausklick (linke Maustaste) in die gewünschte Zelle, in die der markierte Bereich als Grafik eingefügt werden soll.
4. Mausklick (rechte Maustaste).
5. In dem sich öffnenden Kontextmenü auswählen: `'Inhalte einfügen...'`.
6. Mausklick (linke Maustaste) auf das Symbol `'Grafik'`.

3.9.2 Bereichsnamen für Zellen/Zeilen/Spalten

In Excel werden Formeln sehr schnell lang und unübersichtlich. Abhilfe schaffen Bereichsnamen für einzelne Zellen, Zeilen oder Spalten, die somit eine Formel zwar nicht verkürzen, jedoch verständlicher machen.

<u>Tipp</u> 1: **Bereichsnamen vergeben**

Variante 1:

1. Betreffenden Zellbereich oder Zeile oder Spalte markieren.
2. Mausklick (linke Maustaste) in das `'Namenfeld'` links neben der Bearbeitungsleiste.
3. Eingabe einer gewünschten Bezeichnung.
4. Taste `Enter⏎` drücken.
   Nun kann bei der Eingabe einer Formel auf die Angabe des Zellbereiches verzichtet werden, stattdessen wird der Bereichsname eingetragen.

Variante 2:

1. Betreffenden Zellbereich oder Zeile oder Spalte markieren.
2. Mausklick (rechte Maustaste).

3 Editierfunktionen

3. In dem sich öffnenden Kontextmenü auswählen: `'Namen definieren...'`.
4. In dem sich öffnenden Dialogfenster im Feld `'Name'` die gewünschte Bezeichnung eingeben.
5. Mausklick (linke Maustaste) auf die Schaltfläche `'OK'`.

Tipp 2: Bereichsnamen im Zellbezug ändern

1. Mausklick (linke Maustaste) in eine beliebige Zelle).
2. Mausklick (rechte Maustaste).
3. In dem sich öffnenden Kontextmenü auswählen: `'Namen definieren...'`.
4. In dem sich öffnenden Dialogfenster Mausklick (linke Maustaste) auf die im Zellbezug zu verändernde Bezeichnung.
5. Löschen des Bezuges im Feld `'Bezieht sich auf'`.
6. Mausklick (linke Maustaste) auf das Symbol am Ende des Feldes `'Bezieht sich auf'`.
7. Markieren der neuen Zellen, die den alten Zellbezug ersetzen sollen.
8. Mausklick (linke Maustaste) auf die Schaltfläche `'OK'`.

3.10 Kopf- und Fußzeilen

3.10.1 Kopf- und Fußzeilen als Standard

Eine stets wiederkehrende Kopf- und Fußzeile, bspw. Name und Anschrift, kann als Standard definiert werden. Excel fügt somit bei jedem Aufruf einer Arbeitsmappe automatisch diese Daten hinzu.

1. Siehe Kapitel 'Excel mit eigener Mustervorlage öffnen'.

Hinweis: Kopf- und Fußzeilen haben feste linke und rechte Ränder (ca. 2,5 cm) und können nicht automatisch an die Tabellenbreite angepasst werden.

3.10.2 Grafik in Kopf- / Fußzeile einfügen

1. In der Menüleiste auswählen: `'Einfügen'` → `'Kopf- und Fußzeile'`.
2. Die Menüleiste erhält zusätzlich einen Eintrag `'Kopf- und Fußzeilen Tools Entwurf'`. Er ist jederzeit erreichbar mittels Mausklick (linke Maustaste) in eine Kopf- oder Fußzeile.
3. Mausklick (linke Maustaste) auf das Symbol `'Grafik'`.

4. Datei auswählen und Mausklick (linke Maustaste) auf die Schaltfläche `Öffnen`.
5. Mausklick (linke Maustaste) in eine beliebige Zelle.

Hinweis: Die Kopf- und Fußzeile enthält jeweils 3 Abschnitte (link, mittig, rechts), die mittels Mausklick (linke Maustaste) aktiviert werden können. Zwischen Kopf- und Fußzeile kann gewechselt werden, in dem man in der Menüleiste auswählt: `Kopf- und Fußzeilen Tools Entwurf`, *anschließend Mausklick (linke Maustaste) auf das Symbol* `Zu Kopfzeile wechseln` *bzw.* `Zu Fußzeile wechseln`.

3.10.3 Datum / Zeit in der Kopf- / Fußzeile

1. In der Menüleiste auswählen: `Einfügen` → `Kopf- und Fußzeile`.
2. Die Menüleiste erhält zusätzlich einen Eintrag `Kopf- und Fußzeilen Tools Entwurf`. Er ist jederzeit erreichbar mittels Mausklick (linke Maustaste) in eine Kopf- oder Fußzeile.
3. Mausklick (linke Maustaste) auf das Symbol `Aktuelles Datum`.

Danach kann bspw. ein Leerzeichen eingefügt werden.

4. Mausklick (linke Maustaste) auf das Symbol `'Aktuelle Uhrzeit'`.
5. Mausklick (linke Maustaste) in eine beliebige Zelle.

Hinweis: Die Kopf- und Fußzeile enthält jeweils 3 Abschnitte (link, mittig, rechts), die mittels Mausklick (linke Maustaste) aktiviert werden können. Zwischen Kopf- und Fußzeile kann gewechselt werden, in dem man in der Menüleiste auswählt: `'Kopf- und Fußzeilen Tools Entwurf'`, anschließend Mausklick (linke Maustaste) auf das Symbol `'Zu Kopfzeile wechseln'` bzw. `'Zu Fußzeile wechseln'`.

3.10.4 Titel in Kopf- / Fußzeile einfügen

Mitunter fällt eine Tabelle in Excel etwas größer aus, so dass sie über mehrere Seiten geht. Soll der Titel der Tabelle auf jeder Seite stehen, kann man diesen in die Kopfzeile einfügen.

1. In der Menüleiste auswählen: `'Datei'` → `'Informationen'` → `'Eigenschaften'` (rechtes Fenster).

3 Editierfunktionen

2. Im Feld Titel den Titel der Tabelle eingeben.
3. Mausklick (linke Maustaste) außerhalb des Eingabefeldes.
4. In der Menüleiste auswählen: `'Einfügen'` → `'Kopf- und Fußzeile'`.
5. Die Menüleiste erhält zusätzlich einen Eintrag `'Kopf- und Fußzeilen Tools Entwurf'`. Er ist jederzeit erreichbar mittels Mausklick (linke Maustaste) in eine Kopf- oder Fußzeile.
6. Mausklick (linke Maustaste) auf das Symbol `'Kopfzeile'` bzw. `'Fußzeile'`.
7. Mausklick (linke Maustaste) auf die gewünschte Option.

3.11 Arbeitsmappe

3.11.1 Wechsel zwischen geöffneten Mappen

In Excel ist es möglich, mehrere Arbeitsmappen gleichzeitig geöffnet zu haben. Ein Wechsel zwischen diesen ist jederzeit möglich.

Tipp 1: **Mithilfe einer Tastenkombination zwischen geöffneten Arbeitsmappen wechseln**

1. Tastenkombination $\boxed{\text{Strg}}$ + $\boxed{\text{F6}}$ drücken.

Tipp 2: **Mithilfe der Menüleiste zwischen geöffneten Arbeitsmappen wechseln**

1. In der Menüleiste auswählen: `'Ansicht'` → `'Fenster wechseln'`.
2. Mausklick (linke Maustaste) auf die gewünschte Arbeitsmappe.

3.11.2 Navigation in Arbeitsmappen

Tipp 1: **Navigation im Tabellenblattregister**

1. Mausklick (rechte Maustaste) links unten auf die Navigationspfeile.
   Es öffnet sich ein Kontextmenü, in dem alle Tabellenblätter der Arbeitsmappe aufgeführt sind. Nach 15 Einträgen erscheint der Eintrag `'weitere Blätter...'`.
2. Mausklick (linke Maustaste) auf gewünschtes Tabellenblatt (aktive Zelle springt auf das angewählte Blatt).

3 Editierfunktionen

<u>Tipp</u> 2: **Navigation zum Zeilenende**

1. Doppelmausklick (linke Maustaste) auf den rechten Rand der betreffenden Zelle.

Hinweis: Leerzellen bilden Haltepunkte, d. h. es wird die letzte beschriebene Zelle aktiviert, auf welche rechts die erste leere Zelle folgt.

<u>Tipp</u> 3: **Navigation zum Spaltenende**

1. Doppelmausklick (linke Maustaste) auf den unteren Rand der betreffenden Zelle.

Hinweis: Leerzellen bilden Haltepunkte, d. h. es wird die letzte beschriebene Zelle aktiviert, auf welche darunter die erste leere Zelle folgt.

3.12 Tabellen

3.12.1 Tabellenblatt einfügen

Variante 1:

1. In der Menüleiste auswählen: `'Start'` → `'Einfügen'` → `'Blatt einfügen'`.

Variante 2:

1. Aktivieren des Tabellenblattes, vor dem das neue Tabellenblatt eingefügt werden soll.
2. Tastenkombination `Shift ⇧` + `F11` drücken.

3.12.2 Tabellenblattregister

3.12.2.1 Farbige Registerkarte

Um bei vielen Tabellenblättern nicht die Übersicht zu verlieren, können die einzelnen Blattregister farbig markiert werden.

1. Mausklick (rechte Maustaste) auf das betreffende Blattregister.
2. In dem sich öffnenden Kontextmenü auswählen: `'Registerfarbe'`.
3. Mausklick (linke Maustaste) auf die gewünschte Farbe.

3.13.2.2 Blattregister umbenennen

1. Doppelmausklick (linke Maustaste) auf das betreffende Blattregister.
2. Den Namen des Blattregisters überschreiben.

3. Mausklick (linke Maustaste) in eine beliebige Zelle.

3.12.2.3 Ungültige Tabellenblattnamen

Um Missverständnisse in Zellbezügen zu vermeiden, sind nachstehende Zeichen für Tabellenblattnamen nicht zugelassen:

? Fragezeichen
! Ausrufezeichen
: Doppelpunkt
* Sternzeichen
[ ] Eckige Klammern
/ Schrägstrich
\ Backslash

3.12.3 Wiederholungszeilen und -spalten

Zur Erhöhung der Übersichtlichkeit eines Excel-Ausdrucks empfiehlt es sich, bei Tabellen, die über mehrere Seiten gehen, die Überschriften automatisch wiederholen zu lassen.

1. In der Menüleiste auswählen: `'Seitenlayout'` → `'Drucktitel'`.
2. In dem sich öffnenden Dialogfenster auswählen: Registerkarte `'Blatt'`.
3. Mausklick (linke Maustaste) auf das Symbol im Feld `'Wiederholungszeilen oben'` oder `'Wiederholungsspalten links'`.
4. Mausklick (linke Maustaste) auf das Symbol der betreffenden Eingabezeile.
5. Markieren der betreffenden Zeilen oder Spalten.
6. Mausklick (linke Maustaste) auf die Schaltfläche `'OK'`.

3.12.4 Tabellen mit Farbe gestalten

1. Markieren der einzufärbenden Zellen.
2. In der Menüleiste auswählen: `'Start'`.
3. Mausklick (linke Maustaste) auf den Pfeil des Symbols `'Füllfarbe'`.
4. Mausklick (linke Maustaste) auf die gewünschte Farbe.

3 Editierfunktionen

3.13 Fixieren

Im Folgenden ist zu beachten, dass jeweils das zweite Symbol mit der Beschriftung 'Fenster einfrieren' zu verwenden ist.

Tipp 1: Spaltenüberschrift fixieren

1. In der Menüleiste auswählen: `'Ansicht'` → `'Fenster einfrieren'` → `'Oberste Zeile einfrieren'`.

Deaktivieren - Fixierung aufheben

1. In der Menüleiste auswählen: `'Ansicht'` → `'Fenster einfrieren'` → `'Fixierung aufheben'`.

Tipp 2: Zeilenbeschriftung fixieren

1. In der Menüleiste auswählen: `'Ansicht'` → `'Fenster einfrieren'` → `'Erste Spalte einfrieren'`.

Deaktivieren - Fixierung aufheben

1. In der Menüleiste auswählen: `'Ansicht'` → `'Fenster einfrieren'` → `'Fixierung aufheben'`.

3 Editierfunktionen

<u>Tipp</u> 3: Zeilen und Spalten in Kombination fixieren

1. In der Menüleiste auswählen: `'Ansicht'` → `'Fenster einfrieren'` → `'Fenster einfrieren'`.

Hinweis: Wurde zuvor bspw. die Zelle `'C9'` *aktiviert, werden die Zeilen* `'1'` *bis* `'8'` *und die Spalten* `'A'` *bis* `'B'` *fixiert.*

Deaktivieren - Fixierung aufheben

In der Menüleiste auswählen: `'Ansicht'` → `'Fenster einfrieren'` → `'Fixierung aufheben'`.

3.14 Fenster teilen

Mit nachstehenden Schritten kann das Fenster geteilt werden, so dass in längeren Tabellen beim Scrollen die Überschrift dennoch lesbar bleibt.

1. In der Menüleiste auswählen: `'Ansicht'` → `'Teilen'`.

3 Editierfunktionen

2. Mausklick (linke Maustaste) auf die `'waagerechte Linie'` und mit gedrückter Maustaste bis zur letzten Zeile, die noch zu sehen sein soll nach oben ziehen.
3. Mausklick (linke Maustaste) auf die `'senkrechte Linie'` und mit gedrückter Maustaste nach rechts bis hinter der letzten Spalte, die noch zu sehen sein soll ziehen.

Deaktivieren – Fenster teilen

1. In der Menüleiste auswählen: `'Ansicht'` → `'Teilen'`.

3.15 Sortieren

<u>Tipp</u> 1: **Daten sortieren**

1. Markieren der zu sortierenden Daten.
2. In der Menüleiste auswählen: `'Daten'` → `'Sortieren...'`.
3. In dem sich öffnenden Dialogfenster: Auswahl der Sortierkriterien.
4. Sofern vorhanden mittels Mausklick (linke Maustaste) das Feld `'Daten haben Überschriften'`.

5. Ggf. weitere Kriterien unter `'Optionen...'` festlegen (Groß- / Kleinschreibung, Spalten- / Zeilensortierung).
6. Mausklick (linke Maustaste) auf die Schaltfläche `'OK'`.

Hinweis: Für alle Zellen der zu sortierenden Spalten muss der gleiche Zellentyp definiert sein. Wenn Zahlen und Text vorhanden sind, empfiehlt es sich, alle Zellen als Text zu formatieren.

<u>Tipp</u> 2: **Arbeitsblätter (Tabellenblätter) sortieren**

1. Mausklick (rechte Maustaste) auf das betreffende Blattregister.
2. In dem sich öffnenden Kontextmenü auswählen: `'Verschieben / kopieren...'`.
3. Im Feld `'Einfügen vor'` die Tabelle auswählen, vor der das betreffende Tabellenblatt verschoben werden soll.
4. Mausklick (linke Maustaste) auf die Schaltfläche `'OK'`.

3.16 Hintergrund anpassen

1. In der Menüleiste auswählen: `'Seitenlayout'` → `'Hintergrund'`.

2. Gewünschte Grafik auswählen.
3. Mausklick (linke Maustaste) auf die Schaltfläche `'Einfügen'`.

3.17 Hyperlink

Tipp 1: **Hyperlink einfügen**

1. Mausklick (rechte Maustaste) in die Zelle, in der ein Hyperlink gesetzt werden soll.
2. In dem sich öffnenden Kontextmenü auswählen: `'Hyperlink...'`.
2. In dem sich öffnenden Dialogfenster Auswahl der Datei, die mittels Hyperlink mit der Zelle verbunden werden soll.
3. Mausklick (linke Maustaste) auf die Schaltfläche `'OK'`.

Tipp 2: **Hyperlink ändern**

1. Mausklick (rechte Maustaste) auf den zu ändernden Hyperlink.
2. In dem sich öffnenden Kontextmenü auswählen: `'Hyperlink bearbeiten...'`.
3. Gewünschte Änderungen vornehmen.
4. Mausklick (linke Maustaste) auf die Schaltfläche `'OK'`.

Tipp 3: **Hyperlink entfernen**

1. Mausklick (rechte Maustaste) auf den zu entfernenden Hyperlink.
2. In dem sich öffnenden Kontextmenü auswählen: `'Hyperlink entfernen'`.

3.18 Filtern

3.18.1 Filtereigenschaften

In Excel ist es grundsätzlich möglich nach Farben, Zahlen, Text bzw. leere Zellen zu filtern.

3.18.2 AutoFilter

Tipp 1:

1. Spaltenüberschrift in die erste Zeile eingeben.
2. In der Menüleiste auswählen: `'Daten'` → `'Filtern'`.
   In den Zellen der Spaltenüberschrift werden Dropdown-Pfeile angezeigt, mit welchen Selektionsvorgaben vorgenommen werden können.

3 Editierfunktionen

<u>Tipp</u> 2: **Benutzerdefinierter AutoFilter**

1. Spaltenüberschrift in die erste Zeile eingeben.
2. In der Menüleiste auswählen: `'Daten'` → `'Filtern'`.
   In den Zellen der Spaltenüberschrift werden Dropdown-Pfeile angezeigt.
3. Mausklick (linke Maustaste) auf den Dropdown-Pfeil der gewünschten Spalte.
4. Mittels Mausklick (linke Maustaste) aktivieren der Option `'Datumsfilter'` → `'Benutzerdefinierter Filter...'` oder `'Zahlenfilter'` → `'Benutzerdefinierter Filter...'` oder `'Textfilter'` → `'Benutzerdefinierter Filter...'`.
5. Definition der Selektionskriterien.
   Mit der Taste $\boxed{\text{Tab} \leftrightarrows}$ *können die anderen Felder angesteuert werden.*
6. Mausklick (linke Maustaste) auf die Schaltfläche `'OK'`.

3.18.3 Spezialfilter

1. Markieren der zu filternden Tabelle.
2. In der Menüleiste auswählen: `'Daten'` → `'Erweitert'`.

3. Im Feld 'Listenbereich' wurden bereits die Angaben des markierten Bereichs übernommen.
4. Im Feld 'Kriterienbereich' den Bereich angeben.
5. Mittels Mausklick (linke Maustaste) aktivieren der Option `'Liste an gleicher Stelle filtern'` bzw. 'An eine andere Stelle kopieren'.
6. Sofern die Liste an einer 'anderen Stelle' eingefügt werden soll, bei `'Kopieren nach'` - Eingabe, wohin die Daten kopiert werden sollen.
7. Mausklick (linke Maustaste) auf die Schaltfläche `'OK'`.

Beispiel: Doppelte Datensätze ausschließen

1. Markieren der zu filternden Tabelle.
2. In der Menüleiste auswählen: `'Daten'` → `'Erweitert'`.
3. Im Feld 'Listenbereich' wurden bereits die Angaben des markierten Bereichs übernommen.
4. Im Feld 'Kriterienbereich' den Bereich angeben.
5. Mittels Mausklick (linke Maustaste) aktivieren der Option `'Liste an gleicher Stelle filtern'` bzw. 'An eine andere Stelle kopieren'.

3 Editierfunktionen

6. Sofern die Liste an einer 'anderen Stelle' eingefügt werden soll, bei `'Kopieren nach'` - Eingabe, wohin die Daten kopiert werden sollen.
7. Aktivieren der Option `'Keine Duplikate'`.
8. Mausklick (linke Maustaste) auf die Schaltfläche `'OK'`.

3.18.4 Zahl vor dem Querstrich (/) herausfiltern

Tipp 1: Ermitteln des Wertes als Text (Ist nicht geeignet zum Weiterrechnen.)

1. In die Zelle `'A1'` eingeben: bspw. `'11/2222'`
2. In die Zelle `'B1'` eingeben:
   `=TEIL(A1;FINDEN("/";A1)-2;2)`
3. Taste Enter ↵ drücken.

Tipp 2: Ermitteln des Wertes als Zahl (Ist geeignet zum Weiterrechnen.)

1. In die Zelle `'A1'` eingeben: bspw. `11/2222`
2. In die Zelle `'B1'` eingeben:
   `=WERT(TEIL(A1;FINDEN("/";A1)-2;2))`
3. Taste Enter ↵ drücken.

3.19 Dateneingaben

3.19.1 Daten eingeben

Grundsätzlich kann unterschieden werden:

Dateneingabe als Wert
- Einzelne Zahlen und Zahlen in Kombination mit +
- % : () , . DM AM PM a p
- Formeln und Funktionen
- Zeitwerte und Datumswerte
- Währungsangaben

Dateneingabe als Text
− Buchstaben
− Zahlen in Kombination mit Sonderzeichen
− Zahlen mit vorangestellten Apostroph (')

Tipp 1: **Dateneingabe in eine Zelle**

1. Mausklick (linke Maustaste) in die betreffende Zelle.
2. Eingabe der gewünschten Werte.
3. Taste `Enter ↵` drücken.
   Damit wird die Eingabe beendet.

3 Editierfunktionen

Hinweis: Wenn die eingegebenen Daten länger als die Breite der Spalte sind, stellt Excel diese mit ### dar. Der in der Zelle vorhandene Wert bleibt unabhängig von der Darstellung erhalten und wird bei Berechnung korrekt herangezogen. Die Spaltenbreite kann entsprechend angepasst werden.

Tipp 2: **Dateneingabe im markierten Bereich – (zeilenweise)**

1. Zellbereich markieren.
2. Ersten Wert eingeben.
3. Mit der `Tab ⇆`-Taste in die nächste markierte Zelle springen und den nächsten Wert eingeben.

Hinweis: Mit gedrückt gehaltener `Shift ⇧`-Taste gelangt man in die vorherige Zelle.

Tipp 3: **Dateneingabe im markierten Bereich – (spaltenweise)**

1. Zellbereich markieren.
2. Ersten Wert eingeben.
3. Mit der `Enter ↵`-Taste in die nächste markierte Zelle springen und den nächsten Wert eingeben.

Hinweis: Mit gedrückt gehaltener `Shift ⇧`-Taste gelangt man in die vorherige Zelle.

3.19.2 Gleichzeitiges Einfügen

<u>Tipp</u> 1: **Gleichzeitiges Einfügen in mehrere Zellen**

1. Mausklick (linke Maustaste) in die erste zu markierende Zelle.
2. Taste ⌨Strg⌨ drücken und gedrückt halten.
3. Mausklick (linke Maustaste) in alle Zellen, in denen der gleiche Datensatz enthalten sein soll.
4. Taste ⌨Strg⌨ loslassen.
5. Gewünschte Daten eingeben.
6. Tastenkombination ⌨Strg⌨ + ⌨Enter↵⌨ drücken.

<u>Tipp</u> 2: **Gleichzeitiges Einfügen in mehrere Tabellenblätter**

1. Tasten ⌨Strg⌨ drücken und gedrückt halten.
2. Mausklick (linke Maustaste) auf die Blattregister der Tabellenblätter, in denen die gleichen Daten enthalten sein sollen. *Die Registerkarten werden automatisch weiß hinterlegt.*
3. Taste ⌨Strg⌨ loslassen.
4. In dem aktiven Tabellenblatt die gewünschten Daten eingeben.
   Neue Einträge werden nun automatisch in die markierten Tabellenblätter übernommen.
5. Mausklick (linke Maustaste) auf ein Blattregister.

3.19.3 Aktuelles Datum / Uhrzeit eingeben

1. Mausklick (linke Maustaste) in die gewünschte Zelle.
2. Tastenkombination `Strg` + `.` drücken (= aktuelles Datum).
3. Tastenkombination `Strg` + `Shift ⇧` + `.` drücken (= aktuelle Uhrzeit).
4. Taste `Enter ↵` drücken.

3.19.4 Eingabe eines Schrägstriches (/)

In Excel verhält sich die Tastenkombination `Shift ⇧` + `7` (= /) wie die Taste `Alt`, die für die Ansteuerung einzelner Menüpunkte verwendet wird. Mit nachstehenden Schritten kann ein Schrägstrich als erstes Zeichen in die Zelle eingegeben werden:

1. Mausklick (linke Maustaste) in die betreffende Zelle.
2. Taste `F2` drücken.
   Damit wird der Editiermodus geöffnet.
3. Tastenkombination `Shift ⇧` + `7` drücken.
4. Taste `Enter ↵` drücken.

3.19.5 Eingaben abschließen

Wenn eine Eingabe mit der ⏎Enter-Taste abgeschlossen wird, geht die Markierung der Zelle standardmäßig in die nächst untere über. Mit nachstehenden Schritten kann diese Einstellung verändert werden.

1. In der Menüleiste auswählen: `'Datei'` → `'Optionen...'` → `'Erweitert'`.
2. Mittels Mausklick (linke Maustaste) aktivieren der Option `'Markierung nach dem Drücken der Eingabetaste verschieben'` und Angabe der Richtung treffen.
3. Mausklick (linke Maustaste) auf die Schaltfläche `'OK'`.

Deaktivieren der Enter-Tasten - Funktionalität

Wenn nach der Eingabe und dem Drücken der Taste ⏎Enter keine andere Zelle aktiviert werden soll, kann diese Funktion auch deaktiviert werden.

1. In der Menüleiste auswählen: `'Datei'` → `'Optionen...'` → `'Erweitert'`.
2. Mittels Mausklick (linke Maustaste) deaktivieren der Option `'Markierung nach dem`

3 Editierfunktionen

> *Drücken der Eingabetaste verschieben'.*

3. Mausklick (linke Maustaste) auf die Schaltfläche `'OK'`.

3.19.6 Eingabekorrekturen

Tipp 1: **Eingabe überschreiben**

1. Mausklick (linke Maustaste) in die betreffende Zelle.
2. Taste `F2` drücken.
3. Gewünschte Eingabekorrektur vornehmen.
4. Taste `Enter ↵` drücken.

Tipp 2: **Eingabe löschen**

Variante 1:

1. Mausklick (linke Maustaste) in das Ausfüllkästchen (unten rechts) und Maustaste gedrückt halten.
2. Ausfüllkästchen diagonal in die obere linke Ecke ziehen.

Variante 2:

1. Mausklick (linke Maustaste) auf betreffende Zelle.
2. Taste $\boxed{\texttt{Entf}}$ drücken.

Tipp 3: **Eingabe abbrechen**

Variante 1:

1. Taste $\boxed{\texttt{Esc}}$ drücken.

Variante 2:

1. Mausklick (linke Maustaste) auf das Storno-Kreuz in der Bearbeitungsleiste.

3.19.7 Eingabefehler finden

Aufgrund der vielfältigen Zellenformate, die Excel zu bieten hat, können auch Eingabefehler vorkommen. Standardmäßig richtet Excel Zahlen rechts und Text links aus.

> Beispiel: Bei einer Aufstellung für das Finanzamt wird die Spalte 'Ausgaben in EUR' angelegt und die einzelnen Posten, bspw. '20,00' dazu eingetragen. In einer Zeile wird jedoch versehentlich die

3 Editierfunktionen

Währungseinheit mit dazu eingetragen, also bspw. '10,00 EUR'. Excel interpretiert die Zelle nun als Text, was dazu führt, dass bei einer Berechnung über alle Zellen, diese Zelle nicht mit einbezogen wird.

Problembehandlung:

1. Markieren der betreffenden Spalte.
2. Mausklick (rechte Maustaste).
3. In dem sich öffnenden Kontextmenü auswählen: `'Zellen formatieren...'`.
4. In dem sich öffnenden Dialogfenster auswählen: Registerkarte `'Zahlen'`.
5. Im Auswahlfeld `'Kategorie'` auswählen: `'Benutzerdefiniert'`.
6. Im Auswahlfeld `'Typ'` eingeben: z. B. `'0;0;0;"Fehler!"`
7. Mausklick (linke Maustaste) auf die Schaltfläche `'OK'`.

Hinweis: Statt der `'0'` *sind auch alle anderen Zahlenformate, bspw.* `'#.##0,00'` *möglich.*
Der Text nach dem dritten Semikolon ist ausschließlich auf Zellen mit Text-Inhalt anzuwenden. Der Inhalt wird nicht dargestellt, es sei denn, dem Zahlenformat wird der Klammeraffe zugefügt, d. h. `'0;0;0;"Fehler!"@`.

Weitere Informationen zu Zahlenformaten siehe auch im Kapitel 4.2.

3.19.8 Übertrag

1. Mausklick (linke Maustaste) in die Zelle, in welcher der Übertrag erscheinen soll.
2. Eingabe des Gleichheitszeichens.
3. Mausklick (linke Maustaste) in die Zelle, aus welcher der Betrag übernommen werden soll.
4. Taste `Enter↵` drücken.

3.19.9 Auswahlliste

1. Mausklick (rechte Maustaste) auf eine Zelle.
2. In dem sich öffnenden Kontextmenü auswählen: `'Dropdown-Auswahlliste...'`.
   Es werden alle (Text)-Einträge der Spalte angezeigt, die beliebig ausgewählt und für die aktivierte Zelle übernommen werden können.

3.19.10 Linien mit Pfeilspitzen

Tipp 1: **Pfeil einfügen**

1. In der Menüleiste auswählen: `'Einfügen'` → `'Formen'`.
2. Mausklick (linke Maustaste) auf das Symbol `'Pfeil'`.
3. Mausklick (linke Maustaste) an die gewünschte Position und mit der Maus den Pfeil auf die gewünschte Größe ziehen.

Tipp 2: **Pfeilform ändern**

1. In der Menüleiste auswählen: `'Einfügen'` → `'Formen'`.
2. Mausklick (linke Maustaste) auf das Symbol `'Pfeil'`.
3. Mausklick (linke Maustaste) an die gewünschte Position und mit der Maus den Pfeil auf die gewünschte Größe ziehen.
4. Mausklick (rechte Maustaste) auf den Pfeil.
5. In dem sich öffnenden Kontextmenü auswählen: `'Form formatieren...'`.
6. Mausklick (linke Maustaste) auf die gewünschte Pfeilart.
7. Mausklick (linke Maustaste) auf die Schaltfläche `'Schließen'`.

3.20 WordArt-Objekt einfügen

1. In der Menüleiste auswählen: `'Einfügen'` → `'WordArt'`.
2. Mausklick (linke Maustaste) auf den Scroll-Pfeil am Symbol und Auswahl des gewünschten Objekts.
3. Excel wechselt in der Menüleiste auf: `'Zeichentools Format'`, dort weitere Anpassungen vornehmen.
4. Text eingeben.
5. Ggf. Anpassung an Schriftart und Größe vornehmen: In der Menüleiste auswählen: `'Start'` → `'Schriftart'` → `'Schriftgrad'`.

Hinweis: Mittels Mausklick (linke Maustaste) und gedrückt gehaltener Maustaste kann das WordArt-Objekt an die gewünschte Stelle gezogen (verschoben) werden. Um die geeignete Stelle auf der Seite zu finden, empfiehlt es sich, entweder den Zoom-Faktor entsprechend klein zu halten oder in der Seitenumbruch-Vorschau zu arbeiten. Sofern das WordArt-Objekt auf mehreren Seiten gewünscht wird, muss es auf jede Seite kopiert werden.

3 Editierfunktionen

<u>Beispiel</u>: WordArt als Wasserzeichen einfügen

1. In der Menüleiste auswählen: `'Einfügen'` → `'WordArt'`.
2. Mausklick (linke Maustaste) auf den Scroll-Pfeil am Symbol und Auswahl des gewünschten Objekts.
3. Excel wechselt in der Menüleiste auf: `'Zeichentools Format'`, dort weitere Anpassungen vornehmen.
4. Text eingeben.
5. Ggf. Anpassung an Schriftart und Größe vornehmen: In der Menüleiste auswählen: `'Start'` → `'Schriftart'` → `'Schriftgrad'`.
6. Mausklick (rechte Maustaste) auf das WordArt-Objekt.
7. In dem sich öffnenden Kontextmenü: Auswahl `'Form formatieren...'`.
8. Bei `'Füllung'` einen hellgrauen Farbton auswählen.
9. Bei `'Transparenz'` auswählen: Transparenz `'50 %'` eingeben.
10. Bei `'Linienfarbe'` auswählen: `'keine Linie'`.
11. Mausklick (linke Maustaste) auf die Schaltfläche `'Schließen'`.

12. Mausklick (rechte Maustaste) auf das WordArt-Objekt.
13. In dem sich öffnenden Kontextmenü auswählen: `'In den Hintergrund'` → `'In den Hintergrund'`.

Hinweis: Gelegentlich gibt es Probleme mit der Auswahl und Darstellung im Hintergrund. Sie wird erst möglich, wenn sich weitere Objekte in der Arbeitsmappe befinden. Als Alternative bietet sich an, ein Bild als Hintergrund einzufügen. Dazu: In der Menüleiste auswählen: `'Seitenlayout'` → `'Hintergrund'` → *(Grafik auswählen)* → `'Einfügen'`.

3.21 Gitternetzlinien

<u>Tipp</u> 1: **Gitternetzlinien einblenden**

1. In der Menüleiste auswählen: `'Seitenlayout'`.
2. Mittels Mausklick (linke Maustaste) aktivieren der Option `'Gitternetzlinien'` (auf Wunsch für nur Ansicht oder / und Drucken).

Tipp 2: Gitternetzlinien ausblenden

1. In der Menüleiste auswählen: `Seitenlayout`.
2. Mittels Mausklick (linke Maustaste) deaktivieren der Option `Gitternetzlinien` (auf Wunsch für nur Ansicht oder / und Drucken).

Hinweis: Es empfiehlt sich, die Gitternetzlinien auszublenden, wenn eine Tabelle in ein anderes Programm kopiert werden soll.

Problembehandlung:

Sollten an einzelnen Zellen die Gitternetzlinien ungewollt nicht mehr sichtbar sein, können nachstehende Schritte helfen:

1. Markieren der betreffende Zellen.
2. Mausklick (linke Maustaste) auf den Pfeil neben dem Symbol `Füllfarbe`.
3. Auswählen: `keine Füllung`.

Tipp 3: Gitternetzlinien farbig darstellen

1. Markieren aller Blattregister, in denen die Farbe der Gitternetzlinien geändert werden soll.

2. In der Menüleiste auswählen: `'Seitenlayout'`.
3. Mittels Mausklick (linke Maustaste) aktivieren der Option `'Gitternetzlinien'` (auf Wunsch für nur Ansicht oder / und Drucken).
4. In der Menüleiste auswählen: `'Datei'` → `'Optionen'` → `'Erweitert'`.
5. Im Abschnitt `'Optionen für dieses Arbeitsblatt anzeigen'` bei aktivierter Option `'Gitternetzlinien einblenden'` die gewünschte Farbe auswählen.
6. Mausklick (linke Maustaste) auf die Schaltfläche `'OK'`.

3.22 AutoKorrektur

Tipp 1: **AutoKorrektur ergänzen**

1. In der Menüleiste auswählen: `'Datei'` → `'Optionen'` → `'Dokumentprüfung'`.
2. Mausklick (linke Maustaste) auf die Schaltfläche `'AutoKorrektur-Optionen...'`.
3. In dem sich öffnenden Dialogfenster Ergänzung der Regeln für die `'AutoKorrektur'` vornehmen.

3 Editierfunktionen

4. Im Dialogfenster `'AutoKorrektur'` Mausklick (linke Maustaste) auf die Schaltfläche `'OK'`.
5. Im Dialogfenster `'Excel-Optionen'` Mausklick (linke Maustaste) auf die Schaltfläche `'OK'`.

Tipp 2: Ausnahmen von der AutoKorrektur

1. In der Menüleiste auswählen: `'Datei'` → `'Optionen'` → `'Dokumentprüfung'`.
2. Mausklick (linke Maustaste) auf die Schaltfläche `'AutoKorrektur-Optionen...'`.
3. In dem sich öffnenden Dialogfenster Mausklick (linke Maustaste) auf die Schaltfläche `'Ausnahmen...'`.
4. Eingabe der gewünschten Ausnahmeregelungen.
5. Im Dialogfenster `'Ausnahmen'` Mausklick (linke Maustaste) auf die Schaltfläche `'OK'`.
6. Im Dialogfenster `'AutoKorrektur'` Mausklick (linke Maustaste) auf die Schaltfläche `'OK'`.
7. Im Dialogfenster `'Excel-Optionen'` Mausklick (linke Maustaste) auf die Schaltfläche `'OK'`.

3.23 Kommentare

Tipp 1: **Kommentare einfügen**

1. Mausklick (rechte Maustaste) auf die betreffende Zelle.
2. In dem sich öffnenden Kontextmenü auswählen: `'Kommentar einfügen'`.
   Ein gelbes Post-it wird sichtbar.
3. Einfügen des gewünschten Kommentars.
4. Mausklick (linke Maustaste) in eine beliebige Zelle.

Tipp 2: **Kommentare anzeigen**

1. In der Menüleiste auswählen: `'Überprüfen'` → `'Alle Kommentare anzeigen'`.

Tipp 3: **Kommentare am Ende des Blattes ausdrucken**

1. In der Menüleiste auswählen: `'Datei'` → `'Drucken'` → `'Seite einrichten...'`.
2. In dem sich öffnenden Dialogfenster auswählen: Registerkarte `'Blatt'`.
3. Unter der Option `'Kommentare'` auswählen: `'Am Ende des Blattes'`.
4. Mausklick (linke Maustaste) auf die Schaltfläche `'OK'`.

Hinweis: Für eine Zuordnung empfiehlt es sich, die Option 'Zeilen- und Spaltenköpfe' zu aktivieren. Diese werden dann mitgedruckt.

<u>Tipp</u> 4: **Kommentare wie angezeigt ausdrucken**

1. In der Menüleiste auswählen: `'Überprüfen'` → `'Alle Kommentare anzeigen'`.
2. In der Menüleiste auswählen: `'Datei'` → `'Drucken'` → `'Seite einrichten...'`.
3. In dem sich öffnenden Dialogfenster auswählen: Registerkarte `'Wie auf dem Blatt angezeigt'`.
4. Mausklick (linke Maustaste) auf die Schaltfläche `'OK'`.
5. Mausklick (linke Maustaste) auf die Schaltfläche `'Drucken'`.

3.24 AutoAusfüllen

Mit dem AutoAusfüllkästchen an der rechten unteren Ecke der aktiven Zelle können Reihen vervollständigt, Formeln erweitert, Monats- oder Tagesnamen fortgeführt und Datumslisten gebildet werden.

3 Editierfunktionen

<u>Tipp 1</u>: **Reihe automatisch ausfüllen**

1. Eingabe eines Wertes in die erste Zelle.
2. Mausklick (linke Maustaste) auf die rechte untere Ecke der Zelle, gedrückt halten und nach unten oder oben / rechts oder links ziehen.
   An der rechten unteren Ecke der Reihe erscheint das Symbol `'Auto-Ausfülloptionen'`.
3. Ggf. Mausklick (rechte Maustaste) auf das Symbol `'Auto-Ausfülloptionen'` und entsprechende Auswahl (Anpassungen) vornehmen.

<u>Beispiel</u>:

01.01.2014 → 02.01.2014 → 03.01.2014 → …
Montag → Dienstag → Mittwoch → …
Januar → Februar → März → …
2014 → 2015 → 2016 → …
Pos.1 → Pos. 2 → Pos. 3 → …

Hinweis: Das Verfahren ist für die meisten Datumsangaben, Jahreszahlen, Monatsangaben, Wochentagen, Aufzählungen, Zahlen, Buchstaben, Abkürzungen und sonstige selbst definierte Listen geeignet. Formeln werden stets an die neue Zelle angepasst, bspw.=A1–B1 → =A2–B2.

3 Editierfunktionen

Falls der erste Eintrag in mehreren gespeicherten Listen vorkommt, ist es erforderlich, die Liste soweit auszufüllen, bis sich die Einträge unterscheiden.

Tipp 2: **Zahlenreihe im Einer-Schritt ausfüllen**

1. Eingabe einer Zahl in die erste Zelle.
2. Taste Strg drücken und gedrückt halten.
3. Mausklick (linke Maustaste) auf das Markierungsrechteck in der rechten unteren Ecke der Zelle und mit gedrückt gehaltener Maustaste so weit nach unten oder rechts ziehen wie ausgefüllt werden soll.
4. Maustaste loslassen.
   Zahlen werden automatisch ausgefüllt.

Beispiel:

1 → 2 → 3 → ...

Tipp 3: **Zahlenreihe gemäß linkem Datensatz ausfüllen**

1. Eingabe einer Zahl in die erste Zelle.
2. Taste Strg drücken und gedrückt halten.
3. Doppelmausklick (linke Maustaste) auf Ausfüllkästchen.

3 Editierfunktionen

Excel füllt automatisch soweit aus wie links in der Spalte Daten stehen. An der rechten unteren Ecke der Reihe erscheint das Symbol `Auto-Ausfülloptionen`.

4. Ggf. Mausklick (rechte Maustaste) auf das Symbol `Auto-Ausfülloptionen` und entsprechende Auswahl (Anpassungen) vornehmen.

Beispiel:

1 → 2
1 → 2

Tipp 4: **Formate**

1. Eingabe der gewünschten Formate in eine Zelle.
2. Mausklick (linke Maustaste) auf die rechte untere Ecke der Zelle, gedrückt halten und nach unten oder oben / rechts oder links ziehen.
   An der rechten unteren Ecke der Reihe erscheint das Symbol `Auto-Ausfülloptionen`.
3. Mausklick (rechte Maustaste) auf das Symbol `Auto-Ausfülloptionen` und Aktivieren der Option `Nur Formate ausfüllen`.

Beispiel: Jede 2. Zelle kursiv

1. Der ersten Zelle das Format `Standard / normal` zuweisen.
2. Der zweiten Zelle das Format `kursiv` zuweisen.
3. Beide Zellen markieren.
4. Mausklick (linke Maustaste) auf die rechte untere Ecke der Zelle, gedrückt halten und nach unten oder oben / rechts oder links ziehen.
    An der rechten unteren Ecke der Reihe erscheint das Symbol `Auto-Ausfülloptionen`.
5. Mausklick (rechte Maustaste) auf das Symbol `Auto-Ausfülloptionen` und Aktivieren der Option `Nur Formate ausfüllen`.

Tipp 5: **Neue AutoAusfüll-Liste anlegen**

1. In der Menüleiste auswählen: `Datei` → `Optionen` → `Erweitert`.
2. Im Abschnitt `Allgemein` Mausklick (linke Maustaste) auf die Schaltfläche `Benutzerdefinierte Listen bearbeiten...`.
    Eintrag `Neue Liste` ist damit markiert.
3. Mausklick (linke Maustaste) auf die Schaltfläche `Hinzufügen`.

3 Editierfunktionen

4. Unter `'Listeneinträge'` die gewünschte Reihenfolge eingeben.
   Die Eingaben sind durch `Enter ↵` *zu trennen.*
5. Mausklick (linke Maustaste) auf die Schaltfläche `'OK'`.

Tipp 6: AutoAusfüll-Liste importieren

1. Markieren der gewünschten Liste.
2. In der Menüleiste auswählen: `'Datei'` → `'Optionen'` → `'Erweitert'`.
3. Im Abschnitt `'Allgemein'` Mausklick (linke Maustaste) auf die Schaltfläche `'Benutzerdefinierte Listen bearbeiten...'`.
4. Im Feld `'Liste aus Zellen importieren'` wurde automatisch der zuvor markierte Zellbezug übernommen.
5. Mausklick (linke Maustaste) auf die Schaltfläche `'Importieren'`.
   Damit werden die markierten Einträge als neue Liste automatisch übernommen.
6. Mausklick (linke Maustaste) auf die Schaltfläche `'OK'`.

Beispiel:

Eigene Rechnungsnummernliste erstellen:

Bezeichnung - Nummer - Jahr = R 1 / 2014

1. In die Zelle `A1` Eingabe der Bezeichnung R.
2. In die Zelle `B1` Eingabe der Nummer 1.
3. In die Zelle `C1` Eingabe des Jahres 2014.
4. Die Zelle `A1` markieren.
5. Mausklick (linke Maustaste) auf die rechte untere Ecke der Zelle, gedrückt halten und nach unten oder oben / rechts oder links ziehen.
   An der rechten unteren Ecke der Reihe erscheint das Symbol `Auto-Ausfülloptionen`.
6. Ggf. Mausklick (rechte Maustaste) auf das Symbol `Auto-Ausfülloptionen` und entsprechende Auswahl (Anpassungen) vornehmen.
   Es wird die Bezeichnung ausgefüllt.
7. Die Zelle `B1` markieren.
8. Mausklick (linke Maustaste) auf die rechte untere Ecke der Zelle, gedrückt halten und nach unten oder oben / rechts oder links ziehen.
   An der rechten unteren Ecke der Reihe erscheint das Symbol `Auto-Ausfülloptionen`.

9. Ggf. Mausklick (rechte Maustaste) auf das Symbol `'Auto-Ausfülloptionen'` und entsprechende Auswahl (Anpassungen) vornehmen.
   Es werden die Rechnungsnummern ausgefüllt.
10. Die Zelle `'C1'` markieren.
11. Mausklick (linke Maustaste) auf die rechte untere Ecke der Zelle, gedrückt halten und nach unten oder oben / rechts oder links ziehen.
   An der rechten unteren Ecke der Reihe erscheint das Symbol `'Auto-Ausfülloptionen'`.
12. Ggf. Mausklick (rechte Maustaste) auf das Symbol `'Auto-Ausfülloptionen'` und entsprechende Auswahl (Anpassungen) vornehmen.
   Es wird das Jahr ausgefüllt.
13. In die Zelle `'D1'` Eingabe der Formel:
    `=A1&" "&B1&" / "&C1`
14. Die Zelle `'D1'` markieren.
15. Mausklick (linke Maustaste) auf die rechte untere Ecke der Zelle, gedrückt halten und nach unten oder oben / rechts oder links ziehen.
   An der rechten unteren Ecke der Reihe erscheint das Symbol `'Auto-Ausfülloptionen'`.
16. Ggf. Mausklick (rechte Maustaste) auf das Symbol `'Auto-Ausfülloptionen'` und entsprechende Auswahl (Anpassungen) vornehmen.
   Es werden die Spalteninhalte zusammengefasst.

17. Tastenkombination ⌐Strg¬ + ⌐c¬ drücken.
18. Mausklick (linke Maustaste) in die Zelle `'E1'`.
19. Mausklick (rechte Maustaste).
20. In dem sich öffnenden Kontextmenü auswählen der Einfügeoption `'Werte'`.
21. Mausklick (linke Maustaste) auf die rechte untere Ecke der Zelle, gedrückt halten und nach unten oder oben / rechts oder links ziehen.
    An der rechten unteren Ecke der Reihe erscheint das Symbol `'Auto-Ausfülloptionen'`.
22. Ggf. Mausklick (rechte Maustaste) auf das Symbol `'Auto-Ausfülloptionen'` und entsprechende Auswahl (Anpassungen) vornehmen.
    Das zusammengefasste Ergebnis wird als Text dargestellt.
23. Markieren der zu speichernden Einträge.
24. In der Menüleiste auswählen: `'Datei'` → `'Optionen'` → `'Erweitert'`.
25. Im Abschnitt `'Allgemein'` Mausklick (linke Maustaste) auf die Schaltfläche `'Benutzerdefinierte Listen bearbeiten...'`.
26. Im Feld `'Liste aus Zellen importieren'` wurde automatisch der zuvor markierte Zellbezug übernommen.

3 Editierfunktionen

27. Mausklick (linke Maustaste) auf die Schaltfläche `'Importieren'`.
    Damit werden die markierten Einträge als neue Liste automatisch übernommen.
28. Mausklick (linke Maustaste) auf die Schaltfläche `'OK'`.

Tipp 7: Ergänzen von angefangenen Wortfeldern

1. In der Menüleiste auswählen: `'Datei'` → `'Optionen'` → `'Erweitert'`.
2. Im Abschnitt `'Bearbeitungsoptionen'` mittels Mausklick (linke Maustaste) aktivieren der Option `'AutoVervollständigen für Zellwerte aktivieren'`.
   Häkchen ist gesetzt.
3. Mausklick (linke Maustaste) auf die Schaltfläche `'OK'`.

Deaktivieren

1. In der Menüleiste auswählen: `'Datei'` → `'Optionen'` → `'Erweitert'`.
2. Im Abschnitt `'Bearbeitungsoptionen'` mittels Mausklick (linke Maustaste) deaktivieren der Option `'AutoVervollständigen für Zellwerte aktivieren'`.
   Häkchen ist gesetzt.

3. Mausklick (linke Maustaste) auf die Schaltfläche `'OK'`.

<u>Problembehandlung</u>:

Falls die AutoAusfüll-Funktion nicht zu dem gewünschten Ergebnis führt, können nachstehende Schritte helfen:

1. Eingabe des betreffenden Wertes in die erste Zelle.
2. Eingabe des betreffenden Wertes in die zweite Zelle.
3. Beide Zellen markieren.
4. Mausklick (linke Maustaste) auf die rechte untere Ecke der Zelle, gedrückt halten und nach unten oder oben / rechts oder links ziehen.
   An der rechten unteren Ecke der Reihe erscheint das Symbol `'Auto-Ausfülloptionen'`.
5. Ggf. Mausklick (rechte Maustaste) auf das Symbol `'Auto-Ausfülloptionen'` und entsprechende Auswahl (Anpassungen) vornehmen.

3.25 Rahmen einfügen

Tipp 1:

1. Markieren der betreffenden Zelle(n).
2. Mausklick (rechte Maustaste) in die Markierung.
3. In dem sich öffnenden Kontextmenü auswählen: `'Zellen formatieren...'`.
4. In dem sich öffnenden Dialogfenster auswählen: Registerkarte `'Rahmen'`.
5. Im Feld `'Art'` die Linienstärke auswählen.
6. Im Feld `'Farbe'` die Farbe auswählen.
7. Im Feld `'Rahmen'` die Rahmenform auswählen.
8. Mausklick (linke Maustaste) auf die Schaltfläche `'OK'`.

Tipp 2:

1. Markieren der betreffenden Zelle(n).
2. Tastenkombination [Strg] + [Shift ⇧] + [-] drücken.

3.26 Gültigkeitsbeschränkung

Insbesondere bei einer Tabelle, deren Daten letztlich zu statistischen Auswertungen genutzt werden sollen, ist es gelegentlich sinnvoll, die Eingabemöglichkeiten zu beschränken.

Tipp 1: **Gültigkeit der Eingabewerte beschränken**

1. Markieren der Zellen oder Spalten, in welchen die Gültigkeit beschränkt werden soll.
2. In der Menüleiste auswählen: `'Daten'` → `'Datenüberprüfung'` → `'Datenüberprüfung...'`.
3. In dem sich öffnenden Dialogfenster auswählen: Registerkarte `'Einstellungen'`.
4. Eingabe der gültigen Werte.
5. Ggf. in der Registerkarte `'Eingabemeldung'` einen Hinweistext definieren.
6. In der Registerkarte `'Fehlermeldung'` eine Fehlermeldung definieren.
   (Typ: 'Stopp' = Fehleingabe wird nicht zugelassen; Typ: 'Warnung' = Fehleingabe wird nach Rückfrage zugelassen; Typ: 'Information' = Fehleingabe wird mit Hinweis zugelassen.)
7. Mausklick (linke Maustaste) auf die Schaltfläche `'OK'`.

<u>Beispiel</u>: **Gültigkeitswerte aus Quelle verwenden**

1. In einer Spalte oder Reihe Eingabe der gültigen Werte.
   Die Eingabe sollte ohne Leerzeichen und im gleichen Tabellenblatt wie die verknüpfte Gültigkeitsprüfung erfolgen.
2. Markieren des Tabellenbereiches, auf dem die Gültigkeitsprüfung angewendet werden soll.
3. In der Menüleiste auswählen: `'Daten'` → `'Datenüberprüfung'` → `'Datenüberprüfung...'`.
4. In dem sich öffnenden Dialogfenster auswählen: Registerkarte `'Einstellungen'`.
5. Im Feld `'Zulassen'` auswählen: `'Liste'`.
6. Im Feld `'Quelle'` Mausklick (linke Maustaste) auf das Symbol rechts von der Bereichsauswahl.
   Der Dialog Gültigkeit erscheint im Bereichswahlmodus.
7. Mit der linken Maustaste alle Zellen der Spalte oder Reihe der zuvor erstellten Liste markieren.
   Die Koordinaten des markierten Bereiches erscheinen im Eingabefeld, z. B. =$A$1:$A$3
8. Mausklick (linke Maustaste) auf das Symbol rechts von der Bereichauswahl.

3 Editierfunktionen

Bereich wird in das Feld `'Quelle'` des Registers Einstellungen übernommen.

9. Ggf. in der Registerkarte `'Eingabemeldung'` einen Hinweistext definieren.
10. In der Registerkarte `'Fehlermeldung'` eine Fehlermeldung definieren.

    (Typ: 'Stopp' = Fehleingabe wird nicht zugelassen; Typ: 'Warnung' = Fehleingabe wird nach Rückfrage zugelassen; Typ: 'Information' = Fehleingabe wird mit Hinweis zugelassen.)
11. Mausklick (linke Maustaste) auf die Schaltfläche `'OK'`.

Tipp 2: **Doppelte Eingabewerte verhindern, z. B. in Spalte `'A'`**

1. Markieren der Zellen oder Spalten, in welchen die Gültigkeit beschränkt werden soll.
2. In der Menüleiste auswählen: `'Daten'` → `'Datenüberprüfung'` → `'Datenüberprüfung...'`.
3. In dem sich öffnenden Dialogfenster auswählen: Registerkarte `'Einstellungen'`.
4. Im Feld `'Zulassen'` auswählen: `'Benutzerdefiniert'`.
5. Im Feld `'Formel'` eingeben: =ZÄHLENWENN(A:A;A1)=1

6. Ggf. in der Registerkarte `'Eingabemeldung'` einen Hinweistext definieren.
7. In der Registerkarte `'Fehlermeldung'` eine Fehlermeldung definieren.
  (Typ: 'Stopp' = Fehleingabe wird nicht zugelassen; Typ: 'Warnung' = Fehleingabe wird nach Rückfrage zugelassen; Typ: 'Information' = Fehleingabe wird mit Hinweis zugelassen).
8. Mausklick (linke Maustaste) auf die Schaltfläche `'OK'`.
  Nun kann in Spalte 'A' jeder Wert nur einmal eingegeben werden. Entsprechend lässt sich die Formel für andere Spalten anpassen bzw. erweitern.

Deaktivieren der Gültigkeitsprüfung

1. Markieren der Zellen oder Spalten, in welchen die Gültigkeit aufgehoben werden soll.
2. In der Menüleiste auswählen: `'Daten'` → `'Datenüberprüfung'` → `'Datenüberprüfung...'`.
3. In dem sich öffnenden Dialogfenster auswählen: Registerkarte `'Einstellungen'`.
4. Im Feld `'Zulassen'` auswählen: `'Jeden Wert'`.

3 Editierfunktionen

Damit wird die Eingabebeschränkung aufgehoben.

5. Mausklick auf die Schaltfläche `'Alle löschen'`.

   Damit werden die Eingabe- / Fehlerhinweise gelöscht.

6. Mausklick (linke Maustaste) auf die Schaltfläche `'OK'`.

Tipp 3: Ungültige Daten markieren

Werden in einer Tabelle Gültigkeitswerte für bereits belegte Zellen eingestellt, erkennt Excel nicht automatisch, ob die bereits eingegebenen Daten dem Gültigkeitswert entsprechen oder nicht.

1. In der Menüleiste auswählen: `'Daten'` → `'Datenüberprüfung'` → `'Ungültige Daten einkreisen'`.

Beispiel:

Gültigkeit:	Ganze Zahl zwischen -3 und 3				
Eingabe:	10	0	2	-1	20
Ungültig:	**10**				**20**

3.27 Eingabe durch Listentext ersetzen

Häufig verwendete Daten können vereinfacht eingegeben werden, indem man ihnen Zahlen zuordnet. Mehrere Zahlen bedeuten mehrere Einträge. Das ist in Excel durch eine Hilfstabelle möglich.

1. Einfügen einer Hilfstabelle (d. h. so viele Spalten einfügen wie Kombinationen entstehen können).
2. Eingabe der Zahlen, deren Datensatz ausgegeben werden soll (eine Zahl pro Zelle).
3. Mausklick (linke Maustaste) in die Zelle, in der das Ergebnis stehen soll.
4. Eingabe der Formel:
   `=VERKETTEN(D3;",";E3;",";F3)`

3.28 Inhalt der Zwischenablage einfügen

1. Markieren der betreffenden Zelle(n).
2. Tastenkombination `Strg` + `c` drücken.
3. Mausklick (rechte Maustaste) in die Zielzelle.
4. In dem sich öffnenden Kontextmenü: Auswahl `'Inhalte einfügen...'` → `'Inhalte einfügen...'`.
   a. Alles
   b. Formeln

c. Werte
d. Formate
e. Kommentare
f. Gültigkeit
g. Alles mit Quelldesign
h. Alles außer Rahmen
i. Spaltenbreite
j. Formeln und Zahlenformate
k. Werte und Zahlenformate
5. Mausklick (linke Maustaste) auf die Schaltfläche `'OK'`.

3.29 Textfeld

<u>Tipp</u> 1: **Textfeld unabhängig von Spaltenbreite / -höhe einfügen**

1. Mausklick (linke Maustaste) an gewünschter Position.
2. In der Menüleiste auswählen: `'Einfügen'` → `'Textfeld'`.
3. Textfeld in gewünschter Größe aufziehen.

Tipp 2: Textfeld abhängig von Spaltenbreite / -höhe einfügen

1. Taste ⌐Alt¬ drücken und gedrückt halten.
2. In der Menüleiste auswählen: `'Einfügen'` → `'Textfeld'`.
3. Textfeld in gewünschter Größe aufziehen.

3.30 Seitenumbruch

3.30.1 Seitenumbruch einfügen

Tipp 1: Horizontalen Seitenwechsel einfügen

1. Markieren der Zeile, die auf die neue Seite kommen soll.
2. In der Menüleiste auswählen: `'Seitenlayout'` → `'Umbrüche'` → `'Seitenumbruch einfügen'`.

Tipp 2: Vertikalen Seitenwechsel einfügen

1. Markieren der Spalte, die auf die neue Seite kommen soll.
2. In der Menüleiste auswählen: `'Seitenlayout'` → `'Umbrüche'` → `'Seitenumbruch einfügen'`.

3.30.2 Seitenumbruch verschieben

1. In der Menüleiste auswählen: `'Ansicht'` → `'Umbruchvorschau'`.
2. Mausklick (linke Maustaste) auf den betreffenden Seitenumbruch (gestrichelte oder durchgehende Linie) und gedrückt halten.
3. An die gewünschte Stelle verschieben.
4. Gedrückte Maustaste loslassen.

Hinweis: In der Umbruchvorschau wird ein automatisch gesetzter Seitenumbruch mit einer gestrichelten Linie angezeigt und ein manuell gesetzter Seitenumbruch mit einer durchgängigen Linie.

3.30.3 Seitenumbruch löschen

<u>Tipp</u> 1: **Horizontalen Seitenumbruch löschen**

1. Markieren der Zeile, die nach dem zu löschenden Seitenumbruch folgt.
2. In der Menüleiste auswählen: `'Seitenlayout'` → `'Umbrüche'` → `'Seitenumbrüche entfernen'`.

Tipp 2: **Vertikalen Seitenwechsel löschen**

1. Markieren der Spalte, die nach dem zu löschenden Seitenumbruch folgt.
2. In der Menüleiste auswählen: `'Seitenlayout'` → `'Umbrüche'` → `'Seitenumbrüche entfernen'`.

3.31 Blattnamen / Pfadangaben einfügen

Tipp 1: **Blattnamen in Kopf- / Fußzeile einfügen**

1. In der Menüleiste auswählen: `'Einfügen'` → `'Kopf- und Fußzeile'` → `'Blattname'`.
2. Mausklick (linke Maustaste) in eine beliebige Zelle.

Tipp 2: **Blattnamen mit Pfadangabe in eine Zelle einfügen**

1. Betreffende Datei speichern.
2. Markieren der Zelle, in die der Blattname eingefügt werden soll.
3. Eingabe der Funktion: `=Zelle("Dateiname")`
4. Taste `Enter ↵` drücken.

3 Editierfunktionen

Tipp 3: Blattnamen ohne Pfadangabe in eine Zelle einfügen

1. Betreffende Datei speichern.
2. Markieren der Zelle, in welche der Blattname eingefügt werden soll.
3. Eingabe der Funktion:
   =RECHTS(Zelle("Dateiname");LÄNGE(Zelle("Dateiname"))-FINDEN("]";Zelle("Dateiname")))
4. Taste Enter ↵ drücken.

Tipp 4: Pfadangaben mit Dateinamen in eine Zelle einfügen

1. Betreffende Datei speichern.
2. Markieren der Zelle, in welche der Blattname eingefügt werden soll.
3. Eingabe der Funktion:
   =LINKS(ZELLE("Dateiname");FINDEN("]";ZELLE("Dateiname")))
4. Taste Enter ↵ drücken.

Tipp 5: Pfadangaben ohne Dateinamen in eine Zelle einfügen

1. Betreffende Datei speichern.
2. Markieren der Zelle, in welche die Pfadangabe eingefügt werden soll.
3. Eingabe der Funktion:
   =LINKS(ZELLE("Dateiname");FIN-DEN("[";ZELLE("Dateiname"))-1)
4. Taste Enter ⏎ drücken.

Hinweis: Bei einer Änderung des Datei- bzw. Ordnernamens oder der Pfadangaben nach dem Öffnen der Datei die Taste F9 zur Neuberechnung der Formeln drücken.

3.32 Hinweis-Text hinterlegen

Tipp 1: Hinweis-Text mittels 'Gültigkeitsprüfung' hinterlegen

1. Markieren der Zellen oder Spalten, in welche die Gültigkeit beschränkt werden soll.
2. In der Menüleiste auswählen: `'Daten'` → `'Datenüberprüfung'`.
3. In dem sich öffnenden Dialogfenster auswählen: Registerkarte `'Eingabemeldung'` einen Hinweistext definieren.

3 Editierfunktionen

4. Mausklick (linke Maustaste) auf die Schaltfläche `'OK'`.

Tipp 2: **Hinweis-Text mittels Kommentar hinterlegen**

1. Mausklick (linke Maustaste) in die betreffende Zelle.
2. In der Menüleiste auswählen: `'Überprüfen'` → `'Neuer Kommentar'`.
3. Den gewünschten Hinweis-Text eingeben.
4. Mausklick (linke Maustaste) in eine beliebige Zelle.
5. In der Menüleiste auswählen: `'Datei'` → `'Optionen'` → `'Erweitert'`.
6. Im Abschnitt `'Anzeige'` auswählen, ob und wie die Kommentare angezeigt werden sollen (ja / nein / nur beim draufzeigen).
7. Mausklick (linke Maustaste) auf die Schaltfläche `'OK'`.

4 Formate & Formatierungen

4.1 Zeichen in Zellen formatieren

<u>Tipp</u> 1: **Alle Zeichen einer Zelle formatieren**

1. Mausklick (rechte Maustaste).
2. In dem sich öffnenden Kontextmenü auswählen: `'Zellen formatieren...'` und entsprechende Auswahl vornehmen.
3. Mausklick (linke Maustaste) auf die Schaltfläche `'OK'`.

<u>Tipp</u> 2: **Einzelne Zeichen einer Zelle formatieren**

1. Mausklick (linke Maustaste) in die Zelle, in der Änderungen getroffen werden sollen.
2. Taste `F2` drücken. *(Damit Wechsel in Bearbeitungsmodus).*
3. Markieren der betreffenden Zeichen mit der linken Maustaste oder gedrückter `Shift ⇧`-Taste und `Pfeiltaste ←→↑↓`).
4. Mausklick (rechte Maustaste).
5. In dem sich öffnenden Kontextmenü auswählen: `'Zellen formatieren...'` und entsprechende Auswahl vornehmen.
6. Mausklick (linke Maustaste) auf die Schaltfläche `'OK'`.

4.2 Zahlenformat

4.2.1 Eingabe von Zahlen

1. Zahl in eine Zelle eingeben (Excel erkennt automatisch das Zahlenformat).

4.2.2 Zahlen mit führender Null

Tipp 1: Ziffern als Zeichenkette

1. Mausklick (linke Maustaste) in die betreffende Zelle.
2. Tastenkombination `Shift ⇧` + `#` eingeben.
3. Gewünschte Zahlenfolge eingeben.
4. Taste `Enter ↵` drücken.

Hinweis: Mit Zahlen, die als Zeichenkette eingegeben wurden, ist keine Berechnung möglich.

Tipp 2: Benutzerdefiniertes Format

1. Markieren der betreffenden Zelle(n).
2. Mausklick (rechte Maustaste).
3. In dem sich öffnenden Kontextmenü auswählen: `'Zellen formatieren...'`.
4. In dem sich öffnenden Dialogfenster auswählen: Registerkarte `'Zahlen'`.

4 Formate & Formatierungen

5. Im Feld `'Kategorie'` mittels Mausklick (linke Maustaste) aktivieren der Option `'Benutzerdefiniert'`.
6. Im Feld `'Typ'` Überschreiben des vorgegebenen Eintrags mit so vielen Nullen wie die gewünschte Zahl Ziffern inklusive '0' hat, z. B. `00000`
7. Mausklick (linke Maustaste) auf die Schaltfläche `'OK'`.

4.2.3 Nur volle Tausender darstellen

1. Markieren der betreffenden Zelle(n).
2. Mausklick (rechte Maustaste).
3. In dem sich öffnenden Kontextmenü auswählen: `'Zellen formatieren...'`.
4. Im Dialogfenster auswählen: Registerkarte `'Zahlen'`.
5. Im Feld `'Kategorie'` mittels Mausklick (linke Maustaste) aktivieren der Option `'Benutzerdefiniert'`.
6. Im Feld `'Typ'` Eingabe des Formates:
   a. `#.;#` (ohne Tausendertrennzeichen) oder
   b. `#.###.;#` (mit Tausendertrennzeichen).
7. Mausklick (linke Maustaste) auf die Schaltfläche `'OK'`.

Hinweis: Excel zeigt somit am Bildschirm und im Ausdruck Zahlen gerundet an, rechnet jedoch mit den Originalzahlen weiter.

4.2.4 Nullwerte nicht anzeigen

<u>Tipp 1</u>: **Deaktivieren der Nullwerte**

1. In der Menüleiste auswählen: `'Datei'` → `'Optionen'` → `'Erweitert'`.
2. Im Abschnitt `'Optionen für dieses Arbeitsblatt anzeigen'`. Mittels Mausklick (linke Maustaste) deaktivieren der Option `'In Zellen mit Nullwert eine Null anzeigen'`.
3. Mausklick (linke Maustaste) auf die Schaltfläche `'OK'`.

<u>Tipp 2</u>: **Negative Werte 'rot' darstellen und Nullwerte gar nicht**

1. Markieren der betreffenden Zelle(n).
2. Mausklick (rechte Maustaste).
3. In dem sich öffnenden Kontextmenü auswählen: `'Zellen formatieren...'`.
4. In dem sich öffnenden Dialogfenster auswählen: Registerkarte `'Zahlen'`.

4 Formate & Formatierungen

5. Im Feld `'Kategorie'` mittels Mausklick (linke Maustaste) aktivieren der Option `'Benutzerdefiniert'`.
6. Im Feld `'Typ'` Eingabe des Formates: `#.##0.00;[Rot]-#.##0,00;;@`
7. Mausklick (linke Maustaste) auf die Schaltfläche `'OK'`.

Tipp 3: Dezimalzahlen größer '0' mit zwei Nachkommastellen und die Zahl '0' gar nicht anzeigen.

1. Markieren der betreffenden Zelle(n).
2. Mausklick (rechte Maustaste).
3. In dem sich öffnenden Kontextmenü auswählen: `'Zellen formatieren...'`.
4. In dem sich öffnenden Dialogfenster auswählen: Registerkarte `'Zahlen'`.
5. Im Feld `'Kategorie'` mittels Mausklick (linke Maustaste) aktivieren der Option `'Benutzerdefiniert'`.
6. Im Feld `'Typ'` Eingabe des Formates: `0,00;-0,00;;@`
7. Mausklick (linke Maustaste) auf die Schaltfläche `'OK'`.

4 Formate & Formatierungen

Tipp 4: **Zahl '0' als Text ausgeben, z. B. 'keine'**

1. Markieren der betreffenden Zelle(n).
2. Mausklick (rechte Maustaste).
3. In dem sich öffnenden Kontextmenü auswählen: `'Zellen formatieren...'`.
4. In dem sich öffnenden Dialogfenster auswählen: Registerkarte `'Zahlen'`.
5. Im Feld `'Kategorie'` mittels Mausklick (linke Maustaste) aktivieren der Option `'Benutzerdefiniert'`.
6. Im Feld `'Typ'` Eingabe des gewünschten Formates, z. B. `0;0;"keine"`
   Der Wert in Anführungszeichen kann jeder beliebige sein, bspw. auch "--".
7. Mausklick (linke Maustaste) auf die Schaltfläche `'OK'`.

Hinweis: Durch diese Formateingabe wird bei Berechnungen nach wie vor die '0' herangezogen, so dass eine Unterscheidung zu den Daten, in denen gar kein Wert vorliegt, möglich ist.

4.2.5 Zahlenwerte farbig darstellen

<u>Tipp</u> 1: **Positive Werte (blau) / negative Werte (rot)**

1. Markieren der betreffenden Zelle(n).
2. Mausklick (rechte Maustaste).
3. In dem sich öffnenden Kontextmenü auswählen: `'Zellen formatieren...'`.
4. Im Dialogfenster auswählen: Registerkarte `'Zahlen'`.
5. Im Feld `'Kategorie'` mittels Mausklick (linke Maustaste) Aktivieren der Option `'Benutzerdefiniert'`.
6. Im Feld `'Typ'` Eingabe des Formates: `[Rot][<0]-0,0;[Blau][>]0,0;Standard`
7. Mausklick (linke Maustaste) auf die Schaltfläche `'OK'`.

<u>Tipp</u> 2: **Positive Werte (blau) / negative Werte (rot) / 0 (grün)**

1. Markieren der betreffenden Zelle(n).
2. Mausklick (rechte Maustaste).
3. In dem sich öffnenden Kontextmenü auswählen: `'Zellen formatieren...'`.
4. Im Dialogfenster auswählen: Registerkarte `'Zahlen'`.

4 Formate & Formatierungen

5. Im Feld `'Kategorie'` mittels Mausklick (linke Maustaste) Aktivieren der Option `'Benutzerdefiniert'`.
6. Im Feld `'Typ'` Eingabe des Formates: `[Rot][<0]-0,0;[Blau][>]0,0;[grün]`
7. Mausklick (linke Maustaste) auf die Schaltfläche `'OK'`.

<u>Beispiel</u>:
Zahl >0 = blau / Zahl < 0 = rot / Zahl = 0 = grün

1. Markieren der betreffenden Zelle(n).
2. Mausklick (rechte Maustaste).
3. In dem sich öffnenden Kontextmenü auswählen: `'Zellen formatieren...'`.
4. Im Dialogfenster auswählen: Registerkarte `'Zahlen'`.
5. Im Feld `'Kategorie'` mittels Mausklick (linke Maustaste) Aktivieren der Option `'Benutzerdefiniert'`.
6. Im Feld `'Typ'` Eingabe des Formates: `[blau]#'##0.00;[rot]-#'##0.00;[grün]0`
7. Mausklick (linke Maustaste) auf die Schaltfläche `'OK'`.

4.2.6 Definierte Zahlenwerte anzeigen

Zahlen einer bestimmten Größe anzeigen

Beispiel:
Nur die Zeilen anzeigen, deren Wert in der Spalte A gleich 5 ist oder diesen übersteigt

1. Markieren der betreffenden Spalte.
2. In der Menüleiste auswählen: `'Daten'` → `'Filtern'`.
3. Mausklick (linke Maustaste) auf den Autofilter-Pfeil der markierten Spalte.
   Es öffnet sich eine Liste.
4. Auswählen: `'Zahlenfilter'` → `'Größer oder gleich...'`.
5. In dem sich öffnenden Dialogfenster auswählen: Im Eingabefeld eingeben: 5
6. Mausklick (linke Maustaste) auf die Schaltfläche `'OK'`.

4.2.7 Dezimal- / Tausendertrennzeichen

<u>Tipp</u> 1: Zahlen mit 'Trenn-Punkten' darstellen, z. B. 1234567890

1. Markieren der betreffenden Zelle(n).
2. Mausklick (rechte Maustaste).
3. In dem sich öffnenden Kontextmenü auswählen: `'Zellen formatieren...'`.
4. Im Dialogfenster auswählen: Registerkarte `'Zahlen'`.
5. Im Feld `'Kategorie'` mittels Mausklick (linke Maustaste) Aktivieren der Option `'Benutzerdefiniert'`.
6. Im Feld `'Typ'` Eingabe des Formates: `000\.00\.000\.00`
7. Mausklick (linke Maustaste) auf die Schaltfläche `'OK'`.

Ergebnis: `123.45.678.90`

<u>Tipp</u> 2: **Dezimal- / Tausendertrennzeichen ändern**

Bei der amerikanischen Zahlendarstellung wird als Tausendertrennzeichen der Punkt und als Dezimaltrennzeichen das Komma verwendet. Aus diesem Grund ist ggf.

4 Formate & Formatierungen

eine Änderung des Dezimal- / Tausendertrennzeichen erforderlich. *(Die Datei wird stets in dem Format angezeigt wie das anzeigende Betriebssystem eingestellt ist.)*

1. In der Menüleiste auswählen: `'Datei'` → `'Optionen'` → `'Erweitert'`.
2. Im dem sich öffnenden Dialogfenster auswählen: Im Abschnitt `'Bearbeitungsoptionen'` deaktivieren der Option `'Trennzeichen vom Betriebssystem übernehmen'`.
3. In den dann aktivierten Feldern die gewünschten Dezimal- und Tausendertrennzeichen eingeben.
4. Mausklick (linke Maustaste) auf die Schaltfläche `'OK'`.

4.2.8 Feste Dezimalstellen

In Excel ist es möglich, eine feste Anzahl an Dezimalstellen zu bestimmen, die für die gesamte Arbeitsmappe Gültigkeit besitzt.

1. In der Menüleiste auswählen: `'Datei'` → `'Optionen'` → `'Erweitert'`.
2. Im dem sich öffnenden Dialogfenster auswählen: Im Abschnitt `'Bearbeitungsoptionen'`

aktivieren der Option `'Dezimalkomma automatisch einfügen'`.
3. Gewünschte Dezimalstellenanzahl eingeben.
4. Mausklick (linke Maustaste) auf die Schaltfläche `'OK'`.

4.2.9 Zahlen nicht anzeigen

1. Markieren der betreffenden Zelle(n).
2. Mausklick (rechte Maustaste).
3. In dem sich öffnenden Kontextmenü auswählen: `'Zellen formatieren...'`.
4. Im Dialogfenster auswählen: Registerkarte `'Zahlen'`.
5. Im Feld `'Kategorie'` mittels Mausklick (linke Maustaste) aktivieren der Option `'Benutzerdefiniert'`.
6. Im Feld `'Typ'` Eingabe des Formates: ;;;
7. Mausklick (linke Maustaste) auf die Schaltfläche `'OK'`.

Hinweis: Die Zahlen können auch mit der weißen Zeichenfarbe dargestellt werden. Sobald den Zelle aber ein farbiger Hintergrund hinterlegt wird, werden die Zahlen wieder sichtbar.

4.2.10 Zahlen / Rechenzeichen im Textformat

1. Mausklick (linke Maustaste) in die betreffende Zelle.
2. Tastenkombination `Shift ⇧` + `#` drücken.
3. Gewünschte Zahl bzw. gewünschtes Rechenzeichen eingeben.
4. Taste `Enter ↵` drücken.

4.2.11 Text und Zahl in einer Zelle

1. Markieren der betreffenden Zelle(n).
2. Mausklick (rechte Maustaste).
3. In dem sich öffnenden Kontextmenü auswählen: `'Zellen formatieren...'`.
4. Im Dialogfenster auswählen: Registerkarte `'Zahlen'`.
5. Im Feld `'Kategorie'` mittels Mausklick (linke Maustaste) aktivieren der Option `'Benutzerdefiniert'`.
6. Im Feld `'Typ'` Eingabe des Formates:
   - Textteile müssen in Anführungszeichen gesetzt werden.
   - 0 steht für eine Stelle, die auf jeden Fall zu sehen sein soll.

4 Formate & Formatierungen

- # steht für einen Platzhalter, der nur ausgefüllt wird, wenn wirklich eine Ziffer kommt.
7. Mausklick (linke Maustaste) auf die Schaltfläche `'OK'`.

Beispiel: 0" Bücher"   = 20 Bücher
               0,00" EUR"   = 20,00 EUR

4.2.12 Zahlen in Klammern

Negative Zahl mittels Klammern darstellen:

1. Mausklick (linke Maustaste) in eine Zelle.
2. Eingabe der positiven Zahl in runde Klammern.
3. Taste `Enter ↵` drücken.
   Excel wandelt die Zahl automatisch in eine negative Zahl ohne Klammern um.

4.2.13 Hochzahlen

Beispiel: m^2

1. Markieren der betreffenden Zelle(n).
2. Mausklick (rechte Maustaste).
3. In dem sich öffnenden Kontextmenü auswählen: `'Zellen formatieren...'`.

4. Im Dialogfenster auswählen: Registerkarte *'Zahlen'*.
5. Im Feld *'Kategorie'* mittels Mausklick (linke Maustaste) aktivieren der Option *'Benutzerdefiniert'*.
6. Im Feld *'Typ'* Eingabe des Formates:
 0 "m²"
7. Mausklick (linke Maustaste) auf die Schaltfläche *'OK'*.

Hinweis: Die Hochzahl '²' wird mit der Tastenkombination `AltGr` + `2` *eingegeben.*

4.3 Datum

Datumsformate

<u>Beispiel: 01.02.2004</u>

Format	Ausgabe
TT	01
TTT	So
TTTT	Sonntag
MM	02
MMM	Feb
MMMM	Februar
J	4

4 Formate & Formatierungen

JJ	04
JJJJ	2004
TT.MMMM JJJJ	01.Februar 2004
TTTT TT.MMM JJJJ	Sonntag 01.Februar 2004

Tipp 1: **Einer Zelle das Datumsformat zuweisen**

1. Markieren der betreffenden Zellen.
2. Mausklick (rechte Maustaste).
3. In dem sich öffnenden Kontextmenü auswählen: `'Zellen formatieren...'`.
4. In dem sich öffnenden Dialogfenster auswählen: Registerkarte `'Zahlen'`.
5. Im Auswahlfeld `'Kategorie'` auswählen: `'Benutzerdefiniert'`.
6. Im Auswahlfeld `'Typ'` das gewünschte Format eingeben.
7. Mausklick (linke Maustaste) auf die Schaltfläche `'OK'`.

Tipp 2: **Eingabe des Datums `'Heute'`**

Variante 1:

1. Mausklick (linke Maustaste) in die betreffende Zelle.
2. Eingabe der Formel:

4 Formate & Formatierungen

```
=TEXT(HEUTE();"TTTT,TT.MMMM
JJJJ")
```
3. Taste [Enter ↵] drücken.

Variante 2:

1. Mausklick (linke Maustaste) in die betreffende Zelle.
2. Eingabe der Formel:
```
=TEXT(HEUTE();"TTTT,
""den""TT.MMMM JJJJ")
```
3. Taste [Enter ↵] drücken.

Hinweis: Wenn innerhalb des Datums Text eingefügt werden soll, empfiehlt es sich, diesen in Anführungszeichen zu setzen.

Das Datum wird als Text behandelt. Der Wert des Datums kann erst verwendet werden, wenn das 'Text'-Datum mit der Funktion `'Wert'` in eine Zahl umgewandelt wurde.
Zweistellige Jahreszahlen wandelt Excel automatisch in eine Jahreszahl um.

Regel:
aus 00 bis 29 werden die Jahre 2000 bis 2029
aus 30 bis 99 werden die Jahre 1930 bis 1999

Tipp 3: Datum in Zelle mit Text einfügen

Beispiel:

1. Mausklick (linke Maustaste) in die Zelle `'A1'`.
2. Eingabe des gewünschten Datums.
3. Mausklick (linke Maustaste) in die Zelle `'B1'`.
4. Eingabe des gewünschten Textes.
5. Mausklick (linke Maustaste) in die Zelle `'C1'`.
6. Eingabe der Formel:
   `="Der Text aus B1 "&TEXT(A1;"TT.MM.JJ")`
7. Taste `Enter ⏎` drücken.

Hinweis: Das Format für das Datum kann dem Wunsch entsprechend verändert werden.

Deaktivieren des Datumsformats

Variante 1:

1. Markieren der betreffenden Zelle(n).
2. Tastenkombination `Strg` + `Shift ⇧` + `6`.

Variante 2:

1. Markieren der betreffenden Zelle(n).
2. Mausklick (rechte Maustaste).

3. In dem sich öffnenden Kontextmenü auswählen: `'Zellen formatieren...'`.
4. In dem sich öffnenden Dialogfenster auswählen: Registerkarte `'Zahlen'`.
5. Im Auswahlfeld `'Kategorie'` auswählen: `'Standard'`.
6. Mausklick (linke Maustaste) auf die Schaltfläche `'OK'`.

Variante 3:

1. Mausklick (linke Maustaste) in eine Zelle mit dem gewünschten Format.
2. In der Menüleiste auswählen: `'Start'`.
3. Mausklick (linke Maustaste) auf das Symbol `'Pinsel'`.
4. Mausklick (linke Maustaste) auf die Zelle, deren Format geändert werden soll.

Hinweis: Excel merkt sich das einmal eingegebene Format, so dass es bei Bedarf explizit gelöscht werden muss.

4.4 Ausrichten

4.4.1 Ausrichten am Dezimalkomma

Excel richtet Daten standardmäßig links- oder rechtsbündig bzw. zentriert aus. Sofern jedoch die Daten aus mehreren Dezimalzahlen mit unterschiedlich vielen Nachkommastellen bestehen, ist es ggf. wünschenswert, die Daten nach dem Komma auszurichten.

Tipp 1:

Variante 1: Für Dezimalzahlen mit unterschiedlicher Anzahl an Nachkommastellen

1. Markieren der betreffenden Zelle(n).
2. Mausklick (rechte Maustaste).
3. In dem sich öffnenden Kontextmenü auswählen: `'Zellen formatieren...'`.
4. In dem sich öffnenden Dialogfenster auswählen: Registerkarte `'Zahlen'`.
5. Im Auswahlfeld `'Kategorie'` auswählen: `'Benutzerdefiniert'`.
6. Im Feld `'Typ'`: Eingabe des gewünschten Formates, z. B.
   `0,???`
7. Mausklick (linke Maustaste) auf die Schaltfläche `'OK'`.

4 Formate & Formatierungen

Hinweis: Die Anzahl der Fragezeichen sollten mit der höchsten Anzahl an Nachkommastellen übereinstimmen. Bei zu vielen Fragezeichen werden die Zahlen nach links versetzt, bei zu wenigen werden die Dezimalstellen abgeschnitten.

Variante 2: Für Dezimalzahlen bis 999,99

1. Markieren der betreffenden Zelle(n).
2. Mausklick (rechte Maustaste).
3. In dem sich öffnenden Kontextmenü auswählen: `'Zellen formatieren...'`.
4. In dem sich öffnenden Dialogfenster auswählen: Registerkarte `'Zahlen'`.
5. Im Auswahlfeld `'Kategorie'` auswählen: `'Benutzerdefiniert'`.
6. Im Feld `'Typ'` Eingabe des gewünschten Formates: `??0,00`
7. Mausklick (linke Maustaste) auf die Schaltfläche `'OK'`.

Variante 3: Für Dezimalzahlen ab 1.000,00

1. Markieren der betreffenden Zelle(n).
2. Mausklick (rechte Maustaste).
3. In dem sich öffnenden Kontextmenü auswählen: `'Zellen formatieren...'`.

4. In dem sich öffnenden Dialogfenster auswählen: Registerkarte *'Zahlen'*.
5. Im Auswahlfeld *'Kategorie'* auswählen: *'Benutzerdefiniert'*.
6. Im Feld *'Typ'* Eingabe des gewünschten Formates: ???.??0,00
7. Mausklick (linke Maustaste) auf die Schaltfläche *'OK'*.

4.4.2 Blocksatz

1. Markieren der betreffenden Zellen.
2. Mausklick (rechte Maustaste).
3. In dem sich öffnenden Kontextmenü auswählen: *'Zellen formatieren...'*.
4. In dem sich öffnenden Dialogfenster Registerkarte *'Ausrichtung'* auswählen.
5. Im Feld *'Horizontal'* auswählen *'Blocksatz'*.
6. Mausklick (linke Maustaste) auf die Schaltfläche *'OK'*.

4.4.3 Zentrieren über Spalten

1. Markieren der betreffenden Zellen.
2. Mausklick (rechte Maustaste).
3. In dem sich öffnenden Kontextmenü auswählen: `'Zellen formatieren...'`.
4. In dem sich öffnenden Dialogfenster Registerkarte `'Ausrichtung'` auswählen.
5. Im Feld `'Horizontal'` auswählen `'Zentriert'`.
6. Mausklick (linke Maustaste) auf die Schaltfläche `'OK'`.

4.4.4 Links- / rechtsbündig ausrichten

1. Markieren der betreffenden Zellen.
2. Mausklick (rechte Maustaste).
3. In dem sich öffnenden Kontextmenü auswählen: `'Zellen formatieren...'`.
4. In dem sich öffnenden Dialogfenster Registerkarte `'Ausrichtung'` auswählen.
5. Im Feld `'Horizontal'` auswählen `'Links'` bzw. `'Rechts'`.
6. Mausklick (linke Maustaste) auf die Schaltfläche `'OK'`.

4 Formate & Formatierungen

Mit nachstehenden Schritten können Daten innerhalb einer Zelle unterschiedlich ausgerichtet werden.

Beispiel: Währung (links) / Betrag (rechts) ausrichten

1. Markieren der betreffenden Zelle(n).
2. Mausklick (rechte Maustaste).
3. In dem sich öffnenden Kontextmenü auswählen: `'Zellen formatieren...'`.
4. In dem sich öffnenden Dialogfenster auswählen: Registerkarte `'Zahlen'`.
5. Im Auswahlfeld `'Kategorie'` auswählen: `'Benutzerdefiniert'`.
6. Im Feld `'Typ'` Eingabe des gewünschten Formates, z. B.
   `"€"* #.##0,00` (Ergebnis: €   10,00) oder
   `"öS"*~#.##0,00` (Ergebnis: öS~~~10,00)
7. Mausklick (linke Maustaste) auf die Schaltfläche `'OK'`.

Hinweis: Das Sternchen (*) sorgt für das vollständige Ausfüllen des nachfolgenden Zeichens bis der Text links und die Zahlen rechts stehen.

4.5 Autoformat

1. In der Menüleiste auswählen: `'Datei'` → `'Optionen'` → `'Dokumentprüfung'`.
2. In dem sich öffnenden Dialogfenster: Mausklick (linke Maustaste) auf `'AutoFormat während der Eingabe'`.
3. Mittels Mausklick (linke Maustaste) gewünschte Formate aktivieren.
4. Mausklick (linke Maustaste) auf die Schaltfläche `'OK'`.

4.6 Formatierung einer Zelle übertragen

1. Mausklick (linke Maustaste) in eine Zelle mit dem gewünschten Format.
2. In der Menüleiste auswählen: `'Start'`.
3. Mausklick (linke Maustaste) auf das Symbol `'Pinsel'`.
4. Mausklick (linke Maustaste) auf die Zelle, deren Format geändert werden soll.

4.7 Zahl und Text in einer Zelle

Wenn mit Zahlen gerechnet werden soll, darf kein Textanhang in der Zelle per Hand eingetragen werden, da sonst auch die Zahl als Text interpretiert werden würde (Ausnahme das Zeichen: €).

Mit nachstehenden Schritten können Textanhänge realisiert werden.

1. Markieren der betreffenden Zelle(n).
2. Mausklick (rechte Maustaste).
3. In dem sich öffnenden Kontextmenü auswählen: `'Zellen formatieren...'`.
4. In dem sich öffnenden Dialogfenster auswählen: Registerkarte `'Zahlen'`.
5. Im Auswahlfeld `'Kategorie'` auswählen: `'Benutzerdefiniert'`.
6. Im Feld `'Typ'` Eingabe des gewünschten Formates, z. B.
   `0" Bücher"`
7. Mausklick (linke Maustaste) auf die Schaltfläche `'OK'`.

Hinweis: Auch ein Leerzeichen muss in Anführungszeichen gesetzt werden. Ausnahme: Ein einzelner Buchstabe muss nicht in Anführungszeichen gesetzt werden.

4.8 Bedingte Formatierung

4.8.1 Wert zwischen x und y farbig darstellen

1. Markieren der betreffenden Zellen.
2. In der Menüleiste auswählen: `'Start'` → `'Bedingte Formatierung'` → `'Regeln zum Hervorheben von Zellen'` → `'Zwischen...'`.
3. In dem sich öffnenden Dialogfenster Eingabe der Bedingung (z. B. zwischen 10 und 20) und Auswahl der gewünschten Formatierung.
4. Mausklick (linke Maustaste) auf die Schaltfläche `'OK'`.

4.8.2 Minimalen Wert farbig markieren

<u>Tipp</u> 1: **Minimalen Wert mit Berücksichtigung der '0'**

1. Markieren der betreffenden Zellen.
2. In der Menüleiste auswählen: `'Start'` → `'Bedingte Formatierung'` → `'Neue Regel...'` → `'Formel zur Ermittlung der zu formatierenden Zellen verwenden'`.

3. In dem sich öffnenden Dialogfenster: Eingabe der Bedingung (z. B. wenn Werte in `'A1'` bis `'C1'` vorhanden sind):
   `=A1=MIN($A1:$C1)`
4. Mausklick (linke Maustaste) auf die Schaltfläche `'Formatieren...'`.
5. In dem sich öffnenden Dialogfenster die Registerkarte `'Ausfüllen'` auswählen.
6. Gewünschte Farbe auswählen.
7. Mausklick (linke Maustaste) auf die Schaltfläche `'OK'` (Dialogfenster `'Zellen formatieren'`).
8. Mausklick (linke Maustaste) auf die Schaltfläche `'OK'` (Dialogfenster `'Bedingte Formatierung'`).

Tipp 2: Minimalen Wert ohne Berücksichtigung der '0'

1. Markieren der betreffenden Zellen.
2. In der Menüleiste auswählen: `'Start'` → `'Bedingte Formatierung'` → `'Neue Regel...'` → `'Formel zur Ermittlung der zu formatierenden Zellen verwenden'`.

3. In dem sich öffnenden Dialogfenster: Eingabe der Bedingung (z. B. wenn Werte in `'A1'` bis `'C1'` vorhanden sind):
   `=A1=MIN(WENN($A1:$C1>0;$A1:$C1))`
4. Mausklick (linke Maustaste) auf die Schaltfläche `'Formatieren...'`.
5. In dem sich öffnenden Dialogfenster die Registerkarte `'Ausfüllen'` auswählen.
6. Gewünschte Farbe auswählen.
7. Mausklick (linke Maustaste) auf die Schaltfläche `'OK'` (Dialogfenster `'Zellen formatieren'`).
8. Mausklick (linke Maustaste) auf die Schaltfläche `'OK'` (Dialogfenster `'Bedingte Formatierung'`).

4.8.3 Maximalen Wert farbig markieren

<u>Tipp</u> 1: **Maximalen Wert mit Berücksichtigung der '0'**

1. Markieren der betreffenden Zellen.
2. In der Menüleiste auswählen: `'Start'` → `'Bedingte Formatierung'` → `'Neue Regel...'` → `'Formel zur Ermittlung der zu formatierenden Zellen verwenden'`.

4 Formate & Formatierungen

3. In dem sich öffnenden Dialogfenster: Eingabe der Bedingung (z. B. wenn Werte in `'A1'` bis `'C1'` vorhanden sind):
   `=A1=MAX($A$1:$C$1)`
4. Mausklick (linke Maustaste) auf die Schaltfläche `'Formatieren...'`.
5. In dem sich öffnenden Dialogfenster die Registerkarte `'Ausfüllen'` auswählen.
6. Gewünschte Farbe auswählen.
7. Mausklick (linke Maustaste) auf die Schaltfläche `'OK'` (Dialogfenster `'Zellen formatieren'`).
8. Mausklick (linke Maustaste) auf die Schaltfläche `'OK'` (Dialogfenster `'Bedingte Formatierung'`).

Tipp 2: Maximalen Wert ohne Berücksichtigung der '0'

1. Markieren der betreffenden Zellen.
2. In der Menüleiste auswählen: `'Start'` → `'Bedingte Formatierung'` → `'Neue Regel...'` → `'Formel zur Ermittlung der zu formatierenden Zellen verwenden'`.

3. In dem sich öffnenden Dialogfenster: Eingabe der Bedingung (z. B. wenn Werte in `'A1'` bis `'C1'` vorhanden sind):
   `=A1=MAX(WENN($A1:$C1>0;$A1:$C1))`
4. Mausklick (linke Maustaste) auf die Schaltfläche `'Formatieren...'`.
5. In dem sich öffnenden Dialogfenster die Registerkarte `'Ausfüllen'` auswählen.
6. Gewünschte Farbe auswählen.
7. Mausklick (linke Maustaste) auf die Schaltfläche `'OK'` (Dialogfenster `'Zellen formatieren'`).
8. Mausklick (linke Maustaste) auf die Schaltfläche `'OK'` (Dialogfenster `'Bedingte Formatierung'`).

4.8.4 Jede zweite Zeile farbig hinterlegen

1. Markieren der betreffenden Zellen.
2. In der Menüleiste auswählen: `'Start'` → `'Bedingte Formatierung'` → `'Neue Regel...'` → `'Formel zur Ermittlung der zu formatierenden Zellen verwenden'`.

4 Formate & Formatierungen

3. In dem sich öffnenden Dialogfenster: Eingabe der Bedingung (z. B. wenn Werte in `'A1'` bis `'C1'` vorhanden sind):
   `=REST(ZEILE();2)=0`
4. Mausklick (linke Maustaste) auf die Schaltfläche `'Formatieren...'`.
5. In dem sich öffnenden Dialogfenster die Registerkarte `'Ausfüllen'` auswählen.
6. Gewünschte Farbe auswählen.
7. Mausklick (linke Maustaste) auf die Schaltfläche `'OK'` (Dialogfenster `'Zellen formatieren'`).
8. Mausklick (linke Maustaste) auf die Schaltfläche `'OK'` (Dialogfenster `'Bedingte Formatierung'`).

Erläuterung:

Jede Zeile hat entweder einen geraden oder ungeraden Wert, der sich aus der Teilbarkeit der Zeilennummer durch 2 ergibt.

Gerade Zeilennummern entsprechen demnach glatten Divisionsergebnissen und ungerade Zeilennummern Ergebnissen mit Rest.

Die Funktion `REST` ordnet den Ergebnissen ohne Rest die Zahl 0 und den Ergebnissen mit Rest die Zahl 1 zu.

Daraus resultierend wird jede zweite Zeile (= Teilungsergebnis 0 = gerade Zeilennummern) farbig hinterlegt.

4.8.5 Grenzwert farbig hinterlegen

Beispiel: Zahlen, die den Grenzwert 10 überschreiten, sollen 'rot' gefärbt werden

1. Markieren der betreffenden Zellen.
2. In der Menüleiste auswählen: `'Start'` → `'Bedingte Formatierung'` → `'Regeln zum Hervorheben von Zellen'` → `'Größer als...'`.
3. In dem sich öffnenden Dialogfenster Eingabe der Bedingung (z. B. 10) und Auswahl der gewünschten Formatierung.
4. Mausklick (linke Maustaste) auf die Schaltfläche `'OK'`.

4.8.6 Kennbuchstaben farbig hinterlegen

Beispiel:

Präsentation	= P
Seminar	= S
Workshop	= W

1. Markieren der betreffenden Zellen.
2. In der Menüleiste auswählen: `'Start'` → `'Bedingte Formatierung'` → `'Regeln verwalten...'`.
3. In dem sich öffnenden Dialogfenster: Mausklick (linke Maustaste) auf die Schaltfläche `'Neue Regel...'`.
4. In dem sich öffnenden Dialogfenster: Mausklick (linke Maustaste) *auf `'Nur Zellen formatieren, die enthalten'`*.
5. Eingabe der Bedingung: Zellwert ist | gleich | P
6. Mausklick (linke Maustaste) auf die Schaltfläche `'Formatieren...'`.
7. In dem sich öffnenden Dialogfenster die gewünschte Farbe auswählen.
8. Mausklick (linke Maustaste) auf die Schaltfläche `'OK'` (Dialogfenster `'Zellen formatieren'`).
9. Mausklick (linke Maustaste) auf die Schaltfläche `'OK'` (Dialogfenster `'Neue Formatierungsregel'`).
10. Mausklick (linke Maustaste) auf die Schaltfläche `'Neue Regel...'`.

11. In dem sich öffnenden Dialogfenster: Mausklick (linke Maustaste) auf `Nur Zellen formatieren, die enthalten`.
12. Eingabe der Bedingung: Zellwert ist | gleich | S
13. Mausklick (linke Maustaste) auf die Schaltfläche `Formatieren...`.
14. In dem sich öffnenden Dialogfenster die gewünschte Farbe auswählen.
15. Mausklick (linke Maustaste) auf die Schaltfläche `OK` (Dialogfenster `Zellen formatieren`).
16. Mausklick (linke Maustaste) auf die Schaltfläche `OK` (Dialogfenster `Neue Formatierungsregel`).
17. Mausklick (linke Maustaste) auf die Schaltfläche `Neue Regel...`.
18. In dem sich öffnenden Dialogfenster: Mausklick (linke Maustaste) auf `Nur Zellen formatieren, die enthalten`.
19. Eingabe der Bedingung: Zellwert ist | gleich | W
20. Mausklick (linke Maustaste) auf die Schaltfläche `Formatieren...`.
21. In dem sich öffnenden Dialogfenster die gewünschte Farbe auswählen.

22. Mausklick (linke Maustaste) auf die Schaltfläche 'OK' (Dialogfenster 'Zellen formatieren').
23. Mausklick (linke Maustaste) auf die Schaltfläche 'OK' (Dialogfenster 'Neue Formatierungsregel').
24. Mausklick (linke Maustaste) auf die Schaltfläche 'OK' (Dialogfenster 'Bedingte Formatierung').

4.8.7 Bedingte Formatierung suchen / finden

1. Markieren des zu durchsuchenden Bereichs.
2. Taste F5 drücken.
3. In dem sich öffnenden Dialogfenster Mausklick (linke Maustaste) auf die Schaltfläche 'Inhalte...'.
4. In dem sich öffnenden Dialogfenster mittels Mausklick (linke Maustaste) aktivieren der Option 'Bedingte Formate'.
5. Mausklick (linke Maustaste) auf die Schaltfläche 'OK'.
   Alle Zellen mit bedingten Formaten werden angezeigt.

4.9 Formatvorlage verwenden / anlegen

1. Markieren des gewünschten Bereichs.
2. In der Menüleiste auswählen: `'Start'` → `'Zellenformatvorlagen'` (oder `'Als Tabelle formatieren'`).
3. Gewünschte Auswahl vornehmen.

Sollten die Standard-Vorlagen nicht den Anforderungen entsprechen, können eigene Formatvorlagen angelegt werden.

Tipp 1: **Neue Zellenformatvorlage anlegen**

1. Markieren des gewünschten Bereichs.
2. In der Menüleiste auswählen: `'Start'` → `'Zellenformatvorlagen'` → `'Neue Zellenformatvorlage...'`.
3. Gewünschte Auswahl vornehmen.
4. Mausklick (linke Maustaste) auf die Schaltfläche `'OK'`.

Tipp 2: **Neue Tabellenformatvorlage anlegen**

1. Markieren des gewünschten Bereichs.
2. In der Menüleiste auswählen: `'Start'` → `'Als Tabelle formatieren'` →

`'Neue Tabellenformatvorlage...'`.
3. Gewünschte Auswahl vornehmen.
4. Mausklick (linke Maustaste) auf die Schaltfläche `'OK'`.

Zum Buch und den Autoren

Das Buch "Excel 2010. Probleme und Lösungen"
Das Buch ist ein Ratgeber für den Umgang mit Microsoft® Excel. In präzise formulierten Arbeitsschritten bietet es zu den unterschiedlichsten Problemen seine Lösungswege an.

Inhalt Band 1:
- Dateifunktionen
- Editierfunktionen
- Formate & Formatierungen

Der Autor Gerik Chirlek
Gerik Chirlek befasst sich seit Anfang der 90er Jahre mit der Aufbereitung von IT-nahen und rechtsrelevanten Sachverhalten. Obgleich die Tätigkeit als PC-Fachberater bereits facettenreich ist, unternimmt Gerik gelegentlich auch Ausflüge in andere Themenwelten.

Der Autor Tami Chirlek
Tami Chirlek ist seit den 90er Jahren als Programmierer wie auch Schulungstrainer tätig. Das Interesse, sich neuen technischen Herausforderungen zu stellen und die ausgeprägte Neugier für einen Blick über den Tellerrand sind Tamis Markenzeichen.

Gerik und Tami Chirlek

Excel 2010 . Probleme und Lösungen . Band 1

- Dateifunktionen
- Editierfunktionen
- Formate & Formatierungen

Excel 2010 . Probleme und Lösungen . Band 2

- Datenbanken
- Diagramme
- Schutz & Sicherheit
- Kommunikation mit Anwendungen
- Sonstiges

Excel 2010 . Probleme und Lösungen . Band 3

- Formeln und Funktionen